「一核三式」历史教学法

——指向思维的历史教学

卞姗姗　著

丛书顾问　周洪宇

丛书主编　刘大伟

南京教育文库

顾明远题

生活·实践教育系列成果

南京出版传媒集团
南京出版社

育文库

顾明远题

顾明远

南京教

图书在版编目（CIP）数据

“一核三式”历史教学法：指向思维的历史教学 / 卞姗姗著. -- 南京：南京出版社, 2025. 1. -- ISBN 978-7-5533-5113-1

Ⅰ. G633.512

中国国家版本馆CIP数据核字第2025G0R117号

丛 书 名　南京教育文库
丛书顾问　周洪宇
丛书主编　刘大伟
书　　名　“一核三式”历史教学法——指向思维的历史教学
作　　者　卞姗姗
出版发行　南京出版传媒集团
　　　　　南 京 出 版 社
社　　址　南京市玄武区太平门街53号
邮　　编　210016
联系电话　025-83283873、83283864（营销）　025-83112257（编务）

策划统筹　朱天乐　王晓晨
责任编辑　谢　微
装帧设计　张　淼
责任印制　杨福彬

排　　版　南京新华丰制版有限公司
印　　刷　江苏凤凰通达印刷有限公司
开　　本　787 毫米 × 1092 毫米　1/16
印　　张　12.5
字　　数　178千
版　　次　2025年 1 月第 1 版
印　　次　2025年 1 月第 1 次印刷
书　　号　ISBN 978-7-5533-5113-1
定　　价　60.00元

总 序

不忘本来 吸收外来 面向未来

南京作为六朝古都，历史悠久，底蕴深厚，自古以来就是东南一带的政治、经济、文化中心。南北朝时期，宋文帝首开中国古代教育分科先河，在南京开设儒学馆、史学馆、文学馆和玄学馆，以分科的形式传经授道；梁代的五经博士以考试选拔人才，为隋唐科举制的实施奠定了基础。南京教育在明代更是达到了一个巅峰，不仅全国最高学府国子监设立于鸡鸣山下，且乡试、会试考场也设置于秦淮河畔的夫子庙，“天下文枢”也因此而闻名宇内。与官学相颉颃，私学在南京也有着悠久的传统，宋代的明道书院，明代的江干书院、新泉书院、崇正书院，清代的钟山书院、惜阴书院等，为学术思想的传承、学术流派的形成打下了扎实的基础。

民国以来，南京成为中西方教育思想汇聚的交融地，一大批本土教育家和海归教育家以南京为基点，加入了绘制中国近现代教育改革的蓝图大业中。张謇、沈恩孚、江谦、袁希涛、黄炎培、郭秉文、陶行知、陈鹤琴、邰爽秋、吴贻芳、俞子夷等一批学贯中西的教育家致力于南京教育的改革与发展，“生活教育”“活教育”等教育思想在南京萌芽、丰富与完善，铸就了传承至今的晓庄学院、鼓楼幼儿园等一批教育实践的典型代表。这些源于南京的教育思想与实践以中国基本国情为基础，对西方教育思想与实践进行了创造性转化与创新性发展，走出了一条独具中国特色的教育改革发展之路，一改民初

“仪型他国”的社会风气，也为随后很长一段时间的中国教育改革与发展指明了方向。如果说，北京是近现代中国思想变革的策源地，那么南京一定是近现代中国教育思想变革的策源地，也是中国式教育现代化的起源地。

“敢探未发明的新理，敢入未开化的边疆”，这是我对南京教育的一个直观看法。这既有陶行知、陈鹤琴等教育先辈们对我的影响，也有我与南京教育人交往后的感触。早在 1982 年，我因为编撰《陶行知全集》，就多次来到南京市晓庄师范学校、南京大学、南京图书馆查找资料，认识了一批南京教育界的朋友。近年来，由于工作的关系，我常常有机会参加南京的基础教育活动，也因此与南京教育届的各位人士结下了深厚的友谊，对新时代以来南京教育的高质量发展有了深厚的感悟。在学前教育普惠优质发展方面，南京普惠性幼儿园覆盖率达 89%，优质园覆盖率达 92%，率先全市域创成“江苏省学前教育改革发展示范区”；在义务教育优质均衡发展方面，南京义务教育优质资源覆盖率达 98.6%，学校标准化率保持在 100%，率先全市域通过“全国义务教育发展基本均衡县（市、区）”评估；在高中教育多样特色发展方面，南京整体规划和建设学术型、特色型、综合型普通高中，实施高中布局优化行动计划，全市达省定三星级以上的公办普通高中比例达 95.5%；在特殊教育融合优质发展方面，南京建立了特殊教育工作联席会议制度，建立起从学前教育到高等教育全纳性的现代特殊教育体系，实现了全市所有街（镇）学前、义务教育阶段学校融合教育资源中心全覆盖。

南京教育能够取得如此优异的成绩，既有教育行政部门在方向上的正确指引，也有每一位普通南京教育人在岗位上的默默付出，因而我们既要关注教育宏观问题，也要关注微观上每一位教师、每一件事、每一个孩子。2022 年 1 月，我的学生大伟从南京晓庄学院调任南京市教育科学研究所主持日常工作，我建议他既要在宏观上发挥市教科所作为教育智库的功用，也要关注到学校的内涵发展，更要关注到每一位教师的专业发展，因为教师的发展是学校发展的基础，只有教师发展好了，学校才能发展，而最终指向的必然是孩子的发展。因此我提议他能否整理出版一套“南京教育文库”，通过文库工作推动一批专家型教师梳理提炼教学主张、教育理念和学术思想，以时代为观照，立足南京教育实际，解决中国教育问题，推进南京教科研在知识创新、理论创新和方法创新上不断传承与发展。大伟很快邀请了南京一批名特优教师参与“南京教育文库”的编写工作，并规划了持续长达8—10年的发展计划，其中包括了写作指导、出版、评奖、宣传等全方位的保障体系建设。这一宏大体系建设还得到了顾明远先生的肯定与点赞，并欣然赐予墨宝“南京教育文库”六字。

“南京教育文库”的提出与推进，对于基础教育界具有非同寻常的意义，具体我认为有以下几点价值：

第一，独特性。毋庸置疑，每一个城市的教育发展都有独到之处和自身特点，但南京的教育发展与其他城市相比，其特点更加明显、风格更加独特。在江苏提出率先实现教育现代化的进程中，南京确立了“加快建设现代化教育强市、以高质量教育支撑高质量发展”这一战略目标，更加自觉地坚持教育优先发展、科学发展、创新发展。南京教育的主要发展指标已达到或超过OECD（经济合作与发展组织）发达国家和地区的平均水平，教育现代化水平连续六年获江苏省第一，在省对设区市政府履行教育职责考评中连续三年位居江苏省前列。可以说，南京教育在江苏省甚至全国都具有标杆性的独特作用。而如何将这种独特价值展现出来，“南京教育文库”的编撰正好起到了这一作用。这套丛书通过挖掘梳理南京教育的内涵，将南京教育的独特做法与经验理论化和系统化，既是对南京教育光辉历史过往的追溯与总结，也是对南京教育未来的期待与展望，更是可以成为中国教育改革与发展的地方样本。

第二，人本性。人的发展是教育的出发点和归宿，人的活动是教育的核心和关键，这是我近些年来提出的教育活动史的一个重要观点。教师是教育发展中的人，我们各级教育行政部门应该给予他们更多的关注与关心，特别对于一批具有典型性和代表性的教师，我们应该提供各种条件帮助他们总结、凝练、宣传、推广他们的教育理论与实践。就我所知，目前国内还尚未有类似的丛书出版。南京市教科所率全国之先，关注教育活动中的人，为教师的研究提供物质保障和学术指导，帮助他们在研究中发展，在实践中成熟，在推广中完善，可谓真正地将教师置于教育活动的中心地位，实现了以人为本的目的。

第三，开放性。对于这套丛书的设计与出版，我跟大伟提议，除了考虑名特优教师的教育思想总结与凝练外，还要在未来考虑对青年教师的支持，特别是要支持一批“学带”“优青”等具有基础的青年教师。南京教育近年来提出了如“宁教杰青”等一系列教师培育计划，我想我们的工作在未来还要吸收这样的教师参加“南京教育文库”的编写工作，加快对青年教师的培养速度。在学段上，我建议他要综合考虑各学段人员的配置，中学、小学、幼儿园各学段教师都要涉及，还要考虑在教师发展中心、教研室、教科所等单位工作的人员，更要考虑在学校管理岗位有丰富经验的教育管理者，这样就可以让我们这项工作更加开放、更加多元。

第四，持续性。南京教育的发展历史是一个整体，我们要做到不忘本来，吸收外来，面向未来，既要思考南京教育从哪里来，也要想好往哪里去，更要做好走向的持续性。因而对于这套丛书我还是有一个期待的，期待这套丛书能够持久地做下去，做成制度，做成系列，做成品牌，让更多的教师参与其中，享受到教育改革发展的红利，并在这项工作中得到发展、得到进步。我还希望将来“南京教育文库”能够借鉴“教育智库与教育治理50人圆桌论坛”的思路，形成一支队伍、一项制度、一套丛书、一个论坛、一个品牌的“五个一”发展思路，为南京教育的高质量发展注入持续不断的动力。当然，我也知道为了这套丛书的出版，大伟费尽了心思，他跟我说他要以陶行知办学的事迹为榜样，四处化缘筹措出版经费，找寻出版社确保进度，策划高级别平台宣传，以及筹划、参与各级各类评奖。我希望他能够保持这种工作激情的持续性，将这项工作一直做下去，实现陶公所说的“为一大事来，做一大事去”的理想目标。

合抱之木，生于毫末；九层之台，起于累土；千里之行，始于足下。“南京教育文库”的出版在不久的将来必然会成为中国教育界重要的一棵“合抱之木”、一座“九层之台”。我也衷心希望参与到文库编写工作的同志们千里之行，永不停歇！

是为序。

周洪宇

2022 年 11 月 22 日

于武昌东湖

（作序者系第十三届全国人大常委会委员、湖北省人大常委会副主任，中国教育学会副会长、中国教育发展战略学会副会长、长江教育研究院院长、华中师范大学国家教育治理研究院院长，博士生导师）

目　录

序

陈国兵

进入新时代以来，社会向我们提出了很多值得深思的教育问题。比如，“新时代，我们究竟需要什么样的历史教育？”“新时代，我们的历史教学需要怎样的创新？”世界各地的教育学者、历史学家都在关注这些问题，通过各种方式表达自己的想法。2017年至今，教育部先后颁布了《普通高中历史课程标准（2017年版）》《普通高中历史课程标准（2017年版2020年修订）》《中国高考评价体系》《义务教育历史课程标准（2022年版）》，持续为一线教学提供新的课程理念和评价依据，学科育人、素养导向和教学评一致性等原则与观念逐步被理解和接受，这些都推动了历史教学改革向纵深发展，催生出许多令人瞩目的优秀教学成果。

中学历史教师是在历史学相关行业中与高中生走得最近的，普遍拥有“从每一节课做起”的质朴的教育情怀，他们关于历史新教学的思考向来备受社会期待。卞姗姗老师，江苏省教学名师、正高级教师，是一位“80后”青年，也是一位特别爱追问、爱思考的优秀教学工作者。她热爱历史教学，精于教学研究，主持过多项江苏省教育科学规划课题，在《历史教学》发表了十多篇高质量的教学论文，是江苏省青年教师教学基本功大赛一等奖和江苏省优质课大赛一等奖获得者，多次代表南京市、江苏省开设高质量的示范课、公开课，是江苏省域内颇有影响力的历史教学专家。在班主任工作和学校行政工作做得很好的同时，她还针对历史教学中批判性思维的培养这个精深的话题做了持续深刻的研究，着实难能可贵！

卞老师从“历史学科是一门什么样的学科”出发，关注和思考“历史学科为谁育人”“历史学科如何更好地育人”等系列问题。在一系列教学实践的探索中，她认为历史课程的学习是在学生全面发展过程中不可或缺的一环，是历史知识积累、历史思维发展、历史素养提升的必经过程。在社会主义发展的新时代，中学生需要通过历史学习获得更开阔的视野、更宽广的胸襟、更深厚的历史情怀。基于此，历史教学要从传统的、单纯的记忆型教学走出来，引导学生运用批判性思维开展有深度的学习。

诚如卞老师在她的著述里所说，这本书是她以近几年发表于《历史教学》杂志的教学论文为基础，结合教学实践中的典型案例，集中阐述的“一核三式”历史教学法的研究设想。其中，“一核”是“指向思维的历史教学”，“三式”是“指向质疑的阅读式教学”“指向求解的情境式教学”和“指向表达的项目式教学”。这些思考和实践对于一线历史教学如何提升学生的核心素养，如何实现“学科育人”是一次很有价值的、系统的尝试和创新，许多观点和方法都值得我们学习、研究和推广。

卞老师是江苏历史教师中勇于探索和思考的青年人，她的课、她的文章，乃至于她的这本学术专著，都是她对于“历史教学的路该如何走”这个命题的富有个性的表达。我相信，在她的思考中，一定有值得其他历史教学同行学习并从中获益的养分！

（作者系江苏省教科院中学历史教研员）

自 序

从2023年3月中旬正式动笔，到8月停笔，再到2024年夏天对排版稿进行修改。这段时间以来，在做好高三教学工作、班主任工作、教研处工作的前提下完成这份书稿，其间辛苦，冷暖自知。但想着能拥有一本专著，成就感与满足感又溢于言表。

历史学科是一门什么样的学科？我经常这样问自己。

如果用这个问题去问一个中学生，恐怕绝大多数学生的回答都是——历史是记忆的学科。学生形成这样的观念与传统的历史教学方法密切相关。课堂教学中，教师将历史定义为一门记忆的学科，就会在无形中增加历史教学中对知识和结论的灌输，教师在课堂上被固化为权威的角色，学生只能听老师讲授知识，老师则罗列出教材中的史实让学生记住，以便让学生应对考试之需。这样的教学方法提高了学生的背诵和记忆能力，却忽视了学生对知识的理解和运用能力，因为教师教授的是历史书而不是历史。

历史不应该这样教！学生的脑袋不是一个等待装满的盒子。

所以，我的答案是，历史可以是一门思维的学科！

历史思维包含许多方面，如时序思维、求证思维等。在历史教学中，历史思维更多地表现为一种历史思维能力，如阅读与表达能力、历史问题的分析决策能力、历史解释的能力等，这些思维能力离不开全面、客观、辩证、发展的眼光，离不开独立的自由思考，离不开开放包容、尊重理解他人的观念，如此种种都与批判性思维的精神高度一致。因此，将批判性思维学科化，可以对历史思维的核心内容进行扩展，可以对历史思维的具体内涵进行有效扩充。本书所探讨的“一核”，即为历史学科化的批判性思维，它将成为统领“三式”教学法的核心，“三式”教学法将针对批判性思维形成过程中的不同要点进行突破。

历史教学要实现思维教学，历史教学法就要发生改变。有效地传输历史知识，运用史料和方法，探究事实和真相，历史教学要实现历史教育的追求，教师在教学方法上就要实现从“教历史书”到“用历史书教”的转变。在这个过程中，书本只是一个工具，教师要运用不同的教学方法将书本呈现为“活历史”，并据此植根于历史学科实现公民教育的理想——“运用历史知识和技能形成独立思考的品质、发展历史学科的批判性思维能力、具有积极参与社会公共事务的能力。这也是自民国以来历代历史教育人的追求”。①

本书呈现给中学历史教师的是我对批判性思维与历史教学的思考，它以近几年我发表于《历史教学》杂志上的多篇论文为基础，结合了自身长期的教学实践，也包含了未来几年我的研究设想。限于时间和功力，其间定有很多不足甚至错漏之处，还望大家批评指正。

历史学是一门注重逻辑推理和严密论证的实证性人文学科，对历史的探究应以史料为依据，以求真求实为目标。我始终坚信，历史是一门学科，更是一门科学。实现历史学科真正的育人价值，有待中学同仁们一起努力！

2024年夏于南京

① 赵亚夫：《中学历史教育学》，北京：北京师范大学出版社，2019年，第13页。

第一章　一核：指向思维的历史教学

历史教学的本真是什么？这个问题关乎着历史教学的核心价值。现行《普通高中历史课程标准》中对于历史课程的价值定位是“促进学生全面发展的一门基础课程”，“学生通过高中历史课程的学习，进一步拓展历史视野，发展历史思维，提高历史学科核心素养”。这样的定位明确了历史教学应该使学生通过对历史课程的学习逐步形成具有历史学科特征的关键能力、必备品格与价值。因此，历史知识不应该只被用来应对考试，教师应该教会学生探究历史的方法，如学会像历史学家一样阅读、考察不同来源的文献，以形成自己的结论；引导学生运用各种历史学习的技能探究历史事实的真相，让学生在真正认识历史的同时，建立起独立思考、理性判断的能力，这才是历史教学的价值所在。

历史教学的主体是学生，其目标是为国家培养拥有积极心智和创新人格，能够面向世界、面向未来的人才。这样的人才是具有独立思考、理性判断、寻求真相、开放包容、勇于创新气质的人才，而这些气质都聚焦于一种思维品质——批判性思维。赵亚夫先生说：“批判性思维旨在还原历史教学的本质。”[①] 因为，在历史教学中，学生通常面对大量的彼此相关的事实性信息，需要运用甄别、选择、假设、论证等逻辑推理方式研究和解决问题，批判性思维必然孕育其中。将批判性思维教育融入高中历史学科教学，旨在指导学生在质疑中选准角度，在追问中获得深度，在辩驳中养成气度，努力使写作成为师生相互支持、共同攀升

① 赵亚夫：《批判性思维决定历史教学的质量》，《课程·教材·教法》2013年第2期。

的精神历程。历史教学离不开批判性思维，批判性思维可以拓展历史教学的视域，本书探讨的“一核三式”教学法，正是围绕批判性思维这一内核展开。

第一节 历史教学中的批判性思维

历史教学的核心价值是要实现人的发展。现代历史教育强调对历史知识的理解，并基于知识生成高阶思维。历史教学要拥有未来，仅有历史思维是不够的，而需要使批判性思维拥有历史思维的特质。

一、认识批判性思维

“批判性”（critical）这个词源自希腊文“kritikos”，意思是辨别力、洞察力、判断力，引申义有敏锐、精明的意见。“kritikos”源自“krinein”，意指做出决断。[①] 可见，“批判性”虽然包括发现错误、查找弱点等否定性含义，它同样有关注优点和长处等肯定性含义。从根本上说，批判性思维是把一切置于理性范畴内加以检省和评判的意识和能力。具体而言，批判性思维就是通过理解、质疑，逻辑地考察论据和论证的合理性从而让学生决定应当相信什么或不信什么的思维。

在国外，自杜威1910年倡导“反省性思维”（Reflective Thinking）以来，对于批判性思维的研究风行欧美。美国伊利诺伊大学罗伯特·恩尼斯教授给出的经典定义为“批判性思维是合理的、反思性的思考，着重于决定相信什么或做什么”，马修·李普曼则认为“批判性思维是熟练的、可靠的思考，因为它对背景很敏感，依赖于标准，并且是自动调整的，所以有助于形成有效的判断”。[②]

在国内，对于批判性思维的概念，具有代表性的看法主要有如下几点。

① 谷振诣、刘壮虎：《批判性思维教程》，北京：北京大学出版社，2006年，第3页。
② [美]诺希克著，柳铭心译：《学会批判性思维：跨学科批判性思维教学指南》，北京：中国轻工业出版社，2005年，第3页。

刘儒德认为，“批判性思维是指对所学的东西的真实性、精确性、性质与价值进行个人的判断，从而对做什么和相信什么做出合理的决策”。①

罗清旭指出：批判性思维是个体对产生知识的过程、理论、方法、背景、证据和评价知识的标准等正确与否做出自我调节性判断的一种个性性质，它包括批判性思维的个性倾向性和个性心理特征两个重要方面。②

从以上叙述，我们可以发现，批判性思维是关于任何学科、内容或者问题的思维模式。通过这种思维模式，思考者能够娴熟地掌控思维过程的内在结构并且把智力活动的准则应用在其中，由此提高自身思维能力的质量。它不仅是一种思维技能，也是一种精神气质。

需要特别强调的是，并不是发现错误才是批判性思维，通过检省发现别人的正确也是批判性思维。批判性思维并不意味着普遍性、习惯性、随意性的质疑与否定。批判不等于批判性思维，当下社会少的不是批判，而是批判性思维。批判性思维认定任何观点都不能预先得到理性审判的豁免权，因此它常常以否定和怀疑的形式出现，但其最终目的在于建构与创造。

中学教学活动中需要培养的不只是一种精神气质，更重要的是培养学生的思维技能。因为精神气质可感而不可见，是内隐于心的，而思维技能是可感又可见的，是可以通过各种测评手段进行评估的。因此，中学教育工作者要将研究的重点落实在对学生批判性思维技能的培养上，这样才便于其在实践中应用推广。

---

① 刘儒德：《论批判性思维的意义和内涵》，《高等师范教育研究》2000 年第 1 期。

② 罗清旭：《批判性思维的结构、培养模式及存在的问题》，《广西民族学院学报》2001 年第 3 期。

二、历史思维与批判性思维

（一）历史思维与能力

历史学习需要“历史的”思考方法、理解习惯和认知过程。白月桥先生提出：“历史思维是在历史唯物主义和辩证唯物主义指导下的，由形式思维和辩证思维、具体形象思维和抽象理论思维相结合的，以时间和地点为主线的，通过史料中介逐步认识历史客体发展规律、不断揭示历史本质、朝着认识终极目标永无休止地前进的特种思维。”[①] 比如，使用证据，特别是原始材料；了解历史学家如何运用证据编写历史作品，理解偏见的产生以及基本观点；理解历史学家为什么会对同一历史事件做出不同的解释，以及如何就历史问题展开讨论；学会分析并阐述自己的观点；学会做历史调查，能够准确表述自己研究过的问题；关联历史现象的连续性及其变化；客观评价历史事件的过程和意义等。人们把这些理解和思考方法统称为历史思维。

美国在20世纪90年代颁布的《美国国家历史课程标准》中，将历史思维概括为5个方面：时序思维能力；历史理解能力；历史分析与解释能力；历史研究能力；历史问题的分析与决策能力。日本的提法是：历史思考力，即我们所说的历史思维能力。它包括历史的（过去的事、文本及其语义转换）、社会的（以历史为中心的社会现象、对历史人物和问题的确证）、科学的（实证的、合理的、体系的方法论、史料阅读、分析与批判）三方面的基础，或者是有三个认知层面。其作为一种特殊的思维方式，则由以下具体能力构成。一是，阅读能力，即运用科学的方法，从史料中提取信息的能力。二是，解释能力，即探究各种历史现象的变迁及因果关系，并进行有逻辑、有意义的论证的能力。三是，说明能力，即多角度、多方面地进行探究，构建多重解释，并进行有理有据的分析的能力。四是，表现及发现能力，即对各种历史事实、现象的价值和意义加以综合表现，并发现新问题的能力。其作为教学行为，或可表述为：①知道什么以及

① 白月桥：《历史教学问题探讨》，北京：教育科学出版社，1997年，第88页。

如何能够知道（充分理解殊相的历史）；②如何能够应用已知道的知识和技能（应用历史的判断能力、思考能力和表现能力）；③如何将所知道的知识和技能与当下的社会和世界进行关联，进而追求更好的人生（围绕人性开发历史学习的价值）。[①]

从以上关于历史思维的描述中，我们不难看出，历史思维在历史教学中更多地表现为一种历史思维能力。培养历史思维，便是养成历史思维能力，而培养历史思维能力就需要不同的教学方法来建构知识的关系网络，问题教学、探究学习在建构的过程中必然被采用。此外，现行的高中历史课程标准要求“培养和提高学生的历史意识”，其中“历史意识”就是思维的反应。历史意识除了历史记忆外，思维素质上的反应就是历史思维的基本点，如证据意识、时序意识、问题意识等。而这些也正是批判性思维的特质。[②] 从这点上说，历史思维能力本身也是一种批判性、反思性的思维能力。

（二）历史学科化的批判性思维

历史学科化的批判性思维，我们姑且称其为批判性历史思维。批判性历史思维是批判性思维与历史思维的融合，是批判性思维在历史思维领域中的具体形式和实践结果，也是历史思维本身学科特征的深度体现。

教育部考试中心的研究员吴四伍认为，批判性思维本质上是一种思维视角，是一种普遍意义上的教育理论范畴，它在不同学科中呈现出不同的具体形态，并在各自学科中内化成独特的学科思维。从这个意义上讲，批判性历史思维就是历史思维的重要内容之一。同时，他又强调：批判性历史思维横跨批判性思维研究和历史思维研究两大领域，但研究重心与立足点仍是历史学科思维。着眼于批判性思维研究，批判性历史思维是一

① 参考赵亚夫：《中学历史教育学》，北京：北京师范大学出版社，2019年，第30页，第65页。

② 马斌：《论高中历史教学培养批判性思维的必要性》，《历史教学》2011年第3期。

种实践研究，重视的是学科应用；而立足历史思维研究，则是一种学科思维的明确与深化，是对历史思维核心内容的扩展，是对具体内涵的扩充。为了能够更好地说明批判性历史思维的学科化特征，他从三个方面进行了具体的阐释。

1. 追求历史真实，考证历史事实

追求历史真实，始终是历史学科的基本原则，也是批判性思维思考的起点。与记忆、推理等教育学概念不同的是，批判性历史思维更强调学科特征，具体表现为对史料的仔细辩证，重视史料本身的局限和视角，反思史料及其背后的整个事件等。这样的思考同时表现为对历史场景的重建，对历史事实的梳理。

2. 关注历史过程，强调主动学习

历史本身具有过程性。研究历史必须重视对历史过程的考察，这也是历史思维具体展开的过程，不仅有助于反映历史事件的复杂、历史现象的多面、历史评价的局限，更重要的是，历史过程所呈现的逻辑往往能够突破人们既定的简单认识，为人们了解历史本身提供有力的证据。

3. 反思历史结论，彰显历史评价

历史本身是一个复杂的系统。对历史的评价，往往涉及诸多方面。不同的研究者依据自身的条件和立场，对同一历史现象会做出不同的评价。面对不同的结论，需要人们理性反思，不受他人结论的束缚；同时，对于既定的历史结论，不能简单地否定，更不能哗众取宠，而应依据史料合理地对历史做出评价，这正是批判性历史思维的意义所在。①

另一位研究者蒋金鹏认为，批判性思维在融入历史教学的过程中具有考证历史事实、打破思维惯性、反思历史结论、进行多视角评价等历史学科化特征。“求真”是批判性历史思维的核心，“质疑”是批判性历史思维的出发点。批判性历史思维反映在历史教学过程当中就是对现有的各种历史认识成果和各种历史问题进行解剖和辨析，是教师引导学生质疑、

① 吴四伍：《批判性历史思维的学科化特征及测量路径》，《历史教学》2010 年第 15 期。

反思、创新的过程。[①]

还有一些老师从学科核心素养和课程标准的角度讨论了历史思维与批判性思维的高度关联性。

楼卫琴认为："批判性思维作为一种高级思维有其特质，如思维的自主、思维的谦逊、思维的勇气、思维的正直、换位思考、对推理的信心等，这些特质与当前热议的历史学科五大核心素养的分层评价有着高度的契合。"并断言，"批判性思维的特质将更加有利于学生核心素养的层级提升"。[②]

由此可见，批判性历史思维涵盖了历史学科的思维要求，凸显了历史学科核心素养的诉求。

三、历史核心素养与批判性思维

批判性思维对于历史学科核心素养的建构为何必不可少？其根本原因在于批判性思维和历史核心素养两者的价值追求，在本质上高度契合。

从前文所列国内外关于批判性思维构成要素的诸多表述中，我们可以看出，批判性思维至少包括情意特征和认知能力两个维度，前者可以看作批判精神，后者可以看作批判技能。再细究下去，批判精神可以包括：①独立性，推崇自由地思考和自己做出结论。②理性，信任逻辑。③好奇心与求知欲。④勇气、果断，不畏惧错误，乐于进行智力冒险。⑤执着追求真理，对真相负责。⑥开放与包容，平等地对待一切观点，直面来自他人的否定，换位思考。⑦认识到人类的知识是有限的。而批判技能则可以包括：①理解并集中思考论题。②对言辞进行分析。③问答与交流。④判断资料的可信度。⑤识别逻辑关系，发现矛盾，辨析与推理。⑥验证与评价假设。⑦自我调节。

---

① 蒋金鹏：《浅谈中学生批判性历史思维的培养——基于人教版高中历史新课程教科书质疑点的反思》，《中学教育研究》2012 年第 10 期。

② 楼卫琴：《批判性思维与历史教学胜任力——基于"全国历史教师学科素养与高等教学胜任力研讨会"的思考》，《中学历史教学参考》2016 第 9 期。

由此可见，批判性思维的发展与尊重差异、崇尚真知、理性思维、勇于探究、勤于反思、批判质疑、问题解决等素养的形成直接相关，或是同一概念的不同表述，或基于同样的认知逻辑和情意规律，或指向同样的能力、价值观和人格特质。

在 2017 年教育部公布的历史课程标准中，唯物史观、时空观念、史料实证、历史解释和家国情怀被定义为历史学科的核心素养，其水平 3、水平 4 的内容整理如下：

表 1–1　历史学科核心素养水平划分①

素养 1. 唯物史观	
水平 3 水平 4	能够将唯物史观运用于历史学习、探究中，并将其作为认识和解决现实问题的指导思想。
素养 2. 时空观念	
水平 3	能够把握相关史事的时间、空间联系，并用特定的时间和空间术语对较长时段的史事加以描述和概括。
水平 4	在对历史和现实问题进行独立探究的过程中，能将其置于具体的时空框架下；能够选择恰当的时空尺度对其进行分析、综合、比较，并在此基础上做出合理的解释。
素养 3. 史料实证	
水平 3	在探究特定历史问题时，能够对史料进行整理和辨析；能够利用不同类型史料的长处，对所探究的问题进行互证，形成对该问题更全面、丰富的解释。
水平 4	能够比较、分析不同来源、不同观点的史料；能够在辨别史料作者意图的基础上利用史料；在对历史和现实问题进行独立探究的过程中，能够恰当地运用史料对所探究问题进行论述。
素养 4. 历史解释	
水平 3	能够分辨不同的历史解释；尝试从来源、性质和目的等多个方面，说明导致这些不同解释的原因并加以评析。
水平 4	在独立探究历史问题时，能够在尽可能占有史料的基础上，尝试验证以往的假说或提出新的解释。

① 根据《普通高中历史课程标准解读》，北京：高等教育出版社，2018 年，第 238—242 页内容整理。

续表

素养 5. 家国情怀	
水平 3	能够把握中华民族多元一体的发展趋势，以及世界历史发展的进步历程，形成正确的世界观、人生观和价值观；能够表现出对历史的反思，从历史中汲取经验教训，更全面、客观地认识历史和现实社会问题；能够将历史学习所得与家乡、民族和国家的繁荣结合起来，立志为中华民族伟大复兴做出自己的贡献。
水平 4	

从五种核心素养的分类中，我们可以发现，时空观念、唯物史观、史料实证和历史解释属于历史的思维能力，唯物史观和家国情怀则属于历史价值观念，前者可以看作是历史学科专业技能，后者可以看作是历史学科专业精神。对照五大核心素养水平 3、水平 4 的要求，我们可以认为，历史学科的专业技能主要包括：A. 能够将历史事件和历史人物进行极其明确的时空定位。B. 识别历史的逻辑关系。C. 有效地获取史料提供的信息。D. 理性地辨析史料的价值。E. 对历史事物进行理性分析和客观评判。F. 分辨历史上的真伪、善恶、进步与倒退。G. 具有明确的价值取向及对未来判断的能力。历史专业精神则主要包括：A. 历史唯物主义。B. 独立性的自由思考。C. 追求真理，对历史真相负责。D. 问题意识和证据意识。E. 全面、客观、辩证、发展的眼光。F. 家国情怀，对民族与历史文化的认同。G. 开放包容，尊重与理解他人的观念。

通过上文的比较对照，我们不难得出结论，无论是专业技能还是专业精神，批判性思维与历史学科核心素养的诉求都高度一致。因此，研究学术范畴的历史课堂教学与批判性思维构建，也就是研究历史学科核心素养的培养。

四、历史教学需要批判性思维

英国著名历史学家汤因比认为："只有真实的过去，没有真实客观的历史。"历史研究是对史实的主观认知，史实虽然客观存在，但其封存于原始史料中，必须依靠历史学家的研究才能呈现于世。因此，史学研究中的主客体无法完全分离，面对史实和史学家已有的研究成果，需要进行辨别和解释，并在此基础上形成认同或质疑。可见，无论从历史学科的特点还是历史教学的需要来说，批判性思维都必不可少。

（一）历史学科特点的需要

美国历史学家卡尔·贝克尔在《人人都是他自己的历史学家》中说："我们承认有两种历史：一种是一度发生过的实实在在的一系列事件，另一种是我们所肯定的并且保持在记忆中的意识上的一系列事件。第一种是绝对的和不变的，不管我们对它有怎样的做法和说法，它是什么便是什么；第二种是相对的，老是跟着知识的增加或精炼而发生变化的。这两系列事件或多或少是相应的，我们的目的便是求这两种相应尽量确切……"可见，历史是已经成为过去的人类社会发展的客观过程，但作为叙述人类社会发展的客观过程的资料，对于历史人物和事件的认识会有不同程度的片面性。因为历史是人记录的，任何历史学家都无法摆脱他所处的时间和空间的限制，对历史的判断都有其主观性，过去的事实都可能是历史，但能不能成为真正的历史，还要取决于后人如何记录。从这个角度来说，所谓的历史或史实，其实都不过是历史学者在一定理念、立场有意无意的观照下，借由史料，并依照一定的学术规范而构建和呈现的叙事。其虽有合理的依据和相对客观性，但绝没有绝对的真实性和客观性。[①] 故而，整体上就构成意义的历史而言，并不存在可以不加质疑而应该绝对接受的事实。

显而易见，历史学科自身的特点决定了批判性思维的不可缺失。

（二）历史学科教学的需要

现行的《普通高中历史课程标准》明确提出发展学生批判性思维和创新思维的要求，这为历史教师指明了培养学生批判性思维的方向。历史教学中，被叙述的事实不等于实在的事实，要让二者重合于客观且科学的认识，就必须采取更为专业的技能和态度。批判性思维还原了历史教学的本质，决定了历史教学的质量。

现代教学观要求改变以往课程中过于强调把知识技能作为主要目标

① 余新忠：《重新认识历史与历史教科书》，《江苏教育》2015年第5期。

的现状，合理地承认知识不是确定的东西，而是主观创造的暂定性的解释、假设，认为知识技能的本质在于人们通过它而产生批判性、创造性思维，并由此建构出新的意义。此外，新课程改革还要求转变教学方式，改变传统课程中教师奋力讲解，而学生只是动笔和动耳朵的状态，要求教师改变自己的身份，做学生学习的引导者，学生发展的陪伴者，学生潜能的开发者；而学生则要变成课堂的主人，在课堂中积极参与，让自己最大限度地动起来，对于学习是自己主导的，自己发现问题或在老师问题的引导下去探索问题、解决问题。而这个转变需要学生具有发现解决问题的能力、分析知识的能力和探究思考的能力，这些能力与批判性思维能力很契合，因此，需要教师在日常教学中有意识地培养学生的批判性思维能力。

然而，在目前大多数的中学历史教学中，传统的历史教学方法固化了教师是权威专家的思路，学生听老师讲授知识，历史成为枯燥的年代数字、苍白的事件经过和程式化的历史评价，学生喜欢历史，却对历史课堂、历史教材敬而远之，这样的历史教学要实现核心素养的落地是非常困难的，所以将批判性思维作为一种高级的学习技能引入历史教学十分必要。

首先，批判性思维是反思性的，有意义的历史教学也都具有反思性；其次，历史教学的魅力与价值首先不是因为它有故事，而是建构历史故事有独到的认识论和方法论，其建构技能从专业的角度可以传授和学习；最后，批判性思维引导人们“树立深思熟虑的思考态度，尤其是理智的怀疑和反思态度”，以及帮助人们“养成清晰性、相对性、一致性、正当性和预见性等好的思维品质，恰是历史教学理应体现的人文精神内涵。当批判性思维成为历史教学的常态时，历史教学质量将发生质的变化。第一个方向指向历史教育哲学，进一步面对怎样学历史的理念；第二个方向指向历史教学论，势必回答学生的历史意识究竟是如何形成的问题；第三个方向指向历史教学方法，使有效学习的技能成熟起来。批判性思维关乎这些问题的深度，并引导历史教学向着高质量的方向发展。[①]

① 赵亚夫：《批判性思维决定历史教学的质量》，《课程·教材·教法》2013年第2期。

作为人文学科的历史课程，其教学本质所反映的教学行为是互动，由教学本质映衬出的教学气氛是交流。历史学习引入批判性思维，可以使学生从被动学习变为主动探究，从死记硬背孤立的历史事实转为理解历史逻辑，从而理解历史学的思维方式，注意历史与现实的联系。指导学生“会学”比让学生“学会”更能体现历史教学的价值，因此批判性思维必然引起学生学习方式的变化。

（三）教师专业素养提升的需要

就新一轮课改的要求来看，学科核心素养的培养必然是今后学校教育的主要目标，也是高考检测的重要指标。批判性思维作为一种高级思维，与核心素养和高考命题高度关联。作为高中历史教师，要提升自身的教学胜任力，就必须具备与之相对应的专业素养，因此批判性思维与教师教学胜任力的提升密不可分。具体而言包含三层意思：“一是，历史教师本身需要有批判性思维；二是，教师自身在批判性思维的引导下处理教学关键环节；三是，通过有意识地融入批判性思维的培育，落实学科核心素养。最理想的就是基于关键环节设计的批判性思维的培育与学科核心素养的落实相生相伴，具体包括教学立意的重构、教学内容的选择、教学资源的发现、教学问题的设置。”①

教师的学科专业化水平，不仅体现为丰厚的学科知识，更重要的是具备足够的研究能力。只有学科功底扎实的教师，才能够帮助学生扩大信息量，拓宽知识领域，才能够采用不同方法从不同视角启发学生展开思辨，从而让学生客观理性地认识历史，独立自主地审视历史，尝试验证以往的假说并提出新的解释。历史知识往往包含着历史叙述者的意识，及其对历史事实的确认和认识。因此，只有教师具备扎实的学科功底，才能应对学生的驳难，鼓励学生对知识进行辨别与选择、质疑与批判、

① 楼卫琴：《批判性思维与历史教学胜任力——基于“全国历史教师学科素养与高等教学胜任力研讨会”的思考》，《中学历史教学参考》2016 年第 9 期。

探究与自主建构，否则教师只能依照教科书亦步亦趋。[①]

历史教学需要创新和坚守，这些都离不开中学一线教师的努力，批判性思维与历史教学的结合，有赖于中学历史教师专业素养的提升，有赖于中学教学界对批判性思维的关注与理解，更有赖于现代教学理论指引下的历史教学法的实践，唯此，历史教学才会有长久的生命力！

第二节 如何培养批判性思维

一、批判性思维培养的三大要点

为使在高中历史教学中培养学生的批判性思维成为可理解、可操作之事，基于对历史学科的教学特色、批判性思维培养的目标和方式、高中生认知的特点和规律，可以最终归结出高中历史教学培养学生批判性思维的三个要点，分别是：善于质疑、学会实证、遵循逻辑。

（一）善于质疑

笛卡尔说："要想追求真理，我们必须在一生中尽可能地把所有的事物都怀疑一次。"[②]要想培养学生的批判性思维，第一要点就是必须让学生学会发现问题，敢于质疑。

美国学者约翰·查菲在《批判性思维》一书中说，"我们的思维不应该停留在单纯接受别人意见的水平上。我们应该逐渐地培养一种能检查别人的意见是否正确，确定别人的意见是否对我们有意义，决定对别人的主意我们是否应当采纳之类的独立而主动的思维能力"。[③]所谓"能够检查别人的意见是否正确"就是要对他人的观点提出疑问进而进行求证或检验，就是要求学生能够自主发现问题并提出问题，具体而言就是

① 戴羽明：《用批判性思维解读第40题——兼论中国资本主义萌芽的教学观》，《历史教学》2011年第5期。

② [法]笛卡尔著，关文运译：《哲学原理》，北京：商务印书馆，1958年，第1页。

③ [美]约翰·查菲著，姜丽蓉、刁继田、李学谦译：《批判性思维》，太原：山西人民出版社，1989年，第5页。

要求学生抓住史事、分析史料、寻找真相、发现矛盾并准确地表述问题。学会质疑是培养学生批判性思维的第一步。善于质疑就是要求学生能够自主发现问题并提出问题。具体而言就是要求学生抓住史事、分析史料、寻找真相、发现矛盾并准确地表述问题。教师可以从疑点属性、认知心理和问题类型三个方面入手，指导学生质疑。

表 1–2　质疑类型示例

疑点属性	认知心理	问题类型	学生提问举例
不理解	“不懂”“想知道”	知识信息类	“天理是自然界和社会的根本原则”中的“天理”究竟指什么？（《辽宋夏金元的文化》） 新民主革命为何属于资产阶级民主革命范畴？（《五四运动与中国共产党的诞生》） 两极格局与美苏争霸有什么关系？（《冷战与国际格局的演变》）
不寻常	“想不通”“不确定”“惊奇”	审美情感类	王安石变法力求改变北宋“积贫积弱”的局面，为何遭到当朝名士的一致责骂？（《两宋的政治与军事》） 二战结束，中国为何放弃对日本的战争索赔？（《全民族浴血奋战与抗日战争的胜利》） 全球化的本质是资本的扩张，为何发达国家也会出现反全球化的现象？（《世界多极化与经济全球化》）
不一致	“发现矛盾”“怀疑”“寻找解释或真相”	思辨探究类	元代的行省制度加强了中央集权，为何明初被“三司”取代？（《从明朝建立到清军入关》） 历朝历代皆推行重农抑商，为何古代的商品经济依旧在不断发展？（《古代的商业贸易》） 牛顿作为人类最伟大的科学家之一，为何又是一位“炼金术士”？（《欧洲的思想解放运动》）

续表

疑点属性	认知心理	问题类型	学生提问举例
不认同	“否定”“独立思考”“自我价值”	价值辨析类	孝文帝改革是推动了北魏的发展，还是加速了北魏的灭亡？（《三国两晋南北朝的政权更迭与民族融合》） 辛亥革命究竟是成功还是失败？（《辛亥革命》） 英国资产阶级革命真的是“资产阶级”革命吗？（《资产阶级革命与资本主义制度的确立》）

上述表格列举了一些教学中常见的学生可能会提出的问题，而这些问题也是课堂上师生应该共同探讨解决的，因为解决这些问题的过程正是研读史料、批判思考的过程。教师应该向学生明确历史问题的疑点属性，从认知心理的角度去激发学生不断提问，不断质疑。“历史知识是既往经验的总结，而历史思维则是为解决将来的问题做准备。”①学会了质询，批判性思维即由此展开，所以在历史教学中，教师要坚持让学生进行不懈的质疑，才能让他们更好地相信知识，从而更牢固地掌握知识。

（二）学会实证

批判性思维最重要的工具是论证。懂实证就是要求学生在发现问题的基础上，能够运用相关史料进行论证假说。它包含对获取的史料进行辨析和运用可信的史料努力重现真实历史的态度与方法。历史过程是不可逆的，认识历史只能通过阅读现存的史料。要形成对历史的正确、客观的认识，必须重视对史料的搜集、整理和辨析，去伪存真，这是历史学的基本方法。对历史的叙述、理解、解释、评判等都要建立在史料证据的基础上。具有实证意识并学会运用证据，既是学习和认识历史的重要方法，也是学习和认识历史的核心问题。史料包括文献记载和考古发现的各种实物。文献记载出于人们的口传笔录，反映一定社会观念的“思想的痕迹”，

① 郑士璟、张汉林：《英语国家的历史思维能力研究及启示》，《基础教育课程》2019年第13期。

实物史料是前人的生活用品、生产资料和社会交际工具的遗存，是人们在具体的历史时空范围内的“行为的痕迹”。在史料探究的过程中，师生应时时在两个方面关注和追踪史证：一是史料作者的论证；二是发言中学生的论证。当然这两者可能有很大部分是重叠在一起的。关注史料作者的论证，重要的是训练学生区分史实与历史解释。关注发言中学生的论证，一方面要训练学生发言的规范性，另一方面要对寻找结论的范围有一个基本的限定。

（三）遵循逻辑

遵循逻辑就是要求学生理解概念、把握命题、进行归纳、展开推理并完整地建构体系。历史学是发现和认识社会发展规律的科学，因而对任何历史现象的描述、对史实的认知最终都要指向对历史发展的原因及其规律的认识，这也是我们在进行历史学习时需要把握的方向。言之有据的历史解释不一定就是科学的，解释的过程还是一个对史料进行思维认知的过程，合理的历史解释必须源于对史料合乎逻辑的定义、判断和推理。

北师大朱智贤和林崇德对思维品质的批判性给予了这样的描述：“思维的批判性，就是指思维活动中善于严格地估计思维材料和精细地检查思维过程的智力品质。”① 批判性思维不仅需要质询，更需要基于史实的推论、判断和解释，所以遵循逻辑就显得非常重要。因此，要训练学生把握史料文本本身的逻辑，发现和指出其逻辑上的不足并且有逻辑地阐述自己的观点。

形式逻辑中的同一律、矛盾律、排中律是思维的基本规律，又称作逻辑的基本规律。所谓“同一律”，就是在同一次思维过程中，概念、命题的内涵要保持一致，违反同一律所犯的逻辑错误叫“偷换概念”。所谓“矛盾律”，是指两个相互否定的判断不能同时为真，违反矛盾律所犯的逻辑错误叫作“自相矛盾”。所谓“排中律”，是指两个相互矛盾的判断

① 朱智贤、林崇德：《朱智贤全集·思维与发展心理学》，北京：北京师范大学出版社，1988 年，第 528 页。

必有一真，违反排中律所犯的逻辑错误叫“两不可”。历史理解和解释必须是符合思维基本规律的认知成果，不符合逻辑的理解与解释是无法取信于人的。

例如，针对罗马法影响的历史解释中，存在着一种观点：罗马法为国家权力提供法律依据，所以其稳定了社会秩序，特别在罗马帝国时期，它稳固了帝国的统治。众所周知，国家的权力与统治属于行政管理学，它与法律学是两个完全不同的范畴。法律可以支撑高效率的行政管理体制，但并非有发达完善的法律就一定能实现高效稳固的管理。事实上，罗马帝国在公元 3 世纪就爆发了严重的社会危机，表现在农业萎缩，商业萧条，城市衰落，财政枯竭，政治混乱，以及贫民奴隶不断起义和大批蛮族乘机入境，官僚集团内部纷争动荡，争夺帝位的激烈混战频繁发生，近卫军可以杀旧帝立新帝，军队将领频频篡位夺权，仅 238 年至 253 年就一连更换了十个皇帝。整个国家行政效率低下，官吏贪污成风，帝国的行省政府变成了元老院议员阶级一个发财致富的新源泉，而国家的赋税却越来越重。腐败导致了政府行政乏力，而政府行政效能的降低又加剧了腐败的情况。在这样的情况下，罗马帝国最终走向分裂和衰亡。因此，发达的法律系统不能等同于高效的行政管理，上述观点将法律与行政视为同一概念，违反了逻辑的同一律。

除以上三条是公认的逻辑思维规律外，历史教学中，我们进行历史解释还要遵循“理由充足律”。如《孟子·滕文公下》中记载了这样一段话：“杨氏为我，是无君也；墨氏兼爱，是无父也。无父无君，是禽兽也。”这个案例是典型的虚假两难，“为我”并不能推论出“无君”；“兼爱”并不能推论出不孝，相反，“为我”也可以忠君，“兼爱”也可以孝敬，“无父无君，是禽兽也”这样的结论就是违反了理由充足律，证据不能支撑观点，观点就容易出现谬误。

二、批判性思维培养的主要资源

（一）利用教材文本

教材文本既是可供学生阅读的第一资源，也是最重要的批判性思维的教学资源。在高中历史教学中培养学生的批判性思维，自然以高中历史教材文本为主。教材文本中有价值的思考点可以归集为两大类。

第一类是教材论述的内容呈现前后自我矛盾。例如，教材中多处描述中国古代的商业不断发展，多条丝路沿线贸易繁荣，明清时中国更是成为太平洋贸易的中心，白银大量流入中国，政府采用银本位制，可同时教材也提出中国历朝历代都实行重农抑商政策，商业的发展受到严格限制。

第二类是教材论述的内容缺少史实支撑，直接抛出结论。这类问题在中学历史教材中比比皆是，也正是这类问题制约了师生的思维发展，使传统的教学方法大行其道，导致历史教学不再是用教科书教历史，而是用历史课教教科书。

当然，发现教材文本中的批判性思维教学资源，首先需要教师以批判性思维的专业眼光审视教材，从而有所选择、利用，并非所有的观点都适合在中学课堂中进行探讨，这需要把握一个尺度。

（二）利用史料文本

人类在历史进化过程中所留下的物质和文化证据被称为史料。史料不仅能够拓宽教材的教学空间，还能提高学生的学习兴趣。原始史料、撰述史料以及文艺史料是文字史料所包含的主要内容。其中，最为珍贵的就是原始史料，这是人们获取历史真相的第一手资料，因此其在教学中的作用和地位也是最能体现史料地位的一部分内容。原始史料具有不可修改性，涵盖了政府政令、公文、档案、奏折、名人的回忆录手稿等。这些最原始的史料表达了历史人物的真情实感，对于其当时所处的历史环境和物质基础都是真实的反映。图片史料是对文物的最直观的描述。遗物类图片和遗迹类图片是图片史料的主要组成部分。遗物类图片主要是指各种生活生产工具以及历朝历代的货币等，就是普通生活器物和经济生活器物的总和。这些史料使得古代人们的生活场景跳出了死板的文字，其真实的历史状态鲜活地映入学生的眼帘。当然一些书画或者艺术品等也是补充历史教学的有效手段。遗迹类图片能够很好地激发学生学习的积极性，那些古代建筑、石刻、雕塑、遗址等都是很好的历史教材。

虽然通过史料说明结论会有助于学生形成史识，也有助于他们批判性思维的建构，但其层次是初始的，效果是有限的。因为在历史研究中，许多问题是没有定论的，而批判性思维不同于其他的思维类型，它特别强调对信息的处理，尤其是对原始资料或未经解释的信息加以处理。因此，教学中要能够提供多类别的、具有差异性的史料，才能从根本上激发学生形成批判性思维。

（三）利用漫画和图表

漫画蕴含着深刻的哲理，极富趣味性和幽默感。它以特殊的方式针砭时弊，扬美抑丑。在历史教学中适度引用，能有效调动学生积极思维，培养学生的观察力、想象力和思维能力，丰富学生的历史知识，激发学生的学习兴趣。

除了漫画，历史教学中还会使用到大量的历史图表，其中一部分是历史数据图表。与文字资料相比，历史图表具有直观、简明的特点。在历史课堂教学中，合理运用历史图表能激发学生学习历史的兴趣，帮助学生更好地理解和掌握教材的主要知识，因而历史图表是一种重要的历史教学素材。把有价值的历史图表带入课堂有利于拓宽学生的视野，可以培养学生获取信息的能力，培养学生概括问题的能力，提高学生分析比较问题的能力等。历史图表在中学历史教学中的地位不容忽视，教师只有在教学过程中刻苦钻研教材，有针对性地实施教学，才能真正地把知识的传授与对学生能力的培养有机地结合起来，激发学生的潜能，提高学生的素质，从而取得较好的教学效果。

当然，运用历史图表，也需要引导学生在学习中，运用识读、表述、制表归纳、比较等方法，在教师的指导下逐渐形成系统的知识体系，然后在知识体系形成的基础上，运用自己的观察力从各种素材中获取有效历史信息，并通过独立思考，对历史人物、历史事件和历史现象进行质疑和判断，得出相关历史结论。

三、批判性思维培养的必备技能

美国批判性思维国家高层理事会主席理查德·保罗在他的《批判性思维工具》一书中指出："任何事情都会有思维误区。为了提高自己思维方式的质量，你必须完成繁杂甚至令人痛苦的劳作：思维劳作。如果你想要提高自己的思维水平，你必须有所付出。一个人不可能一夜之间就成为一个优秀的篮球运动员或舞蹈家，同样，我们也不能期望自己一夜之间就变成一个熟练的批判性思考者。为了提升思维水平，你必须有对思维方式进行思考的动机。在体力劳作中，我们常说：'没有付出就没有收获！'在这里，更准确地说应该是：'没有思维的付出，就没有思维的收获！'"① 这段话告诉我们，通过训练可以提升批判性思维，而思维是无形的，因此训练必然围绕批判性思维的基本技能展开。

美国高中历史课本的附录《技能学习手册》中，列举了十七项历史技能：②

1. 做对比（Making Comparisons）；
2. 理解起因及影响（Understanding Cause and Effect）；
3. 解释图表（Interpreting Grapes）；
4. 识别论据（Identifying an Argument）；
5. 鉴定偏见（Detecting Bias）；
6. 评估网址（Evaluating a Website）；
7. 在地图上寻找准确地点（Finding Exact Location on a Map）；
8. 解释地图上的军事行动（Interpreting Military Movements on a Map）；

① ［美］理查德·保罗、琳达·埃尔德著，侯玉波等译：《批判性思维工具》，北京：机械工业出版社，2013年，第4页。
② 转引自程修凡：《美国特级教师的历史课》，厦门：鹭江出版社，2017年，第120页。

9. 分析政治卡通（漫画）（Analyzing Political Cartoons）；

10. 推论并下结论（Making Inferences and Drawing Conclusions）；

11. 信息整合（Synthesizing Information）；

12. 分析一、二手资料（Analyzing Primary and Secondary Sources）；

13. 整理资料（Summarizing Information）；

14. 写报告（Writing a Report）；

15. 区分事实和观点（Distinguishing Between Fact and Opinion）；

16. 阅读卡通图形（Reading a Cartogram）；

17. 概括总结（Making Generalization）。

如果将以上历史技能与批判性思维相结合，再以现代教学法进行有针对性的训练，我们可以尝试把这一过程进行分解。

表 1–3　高中历史核心技能分解

方法	技能	目标
群文阅读	1. 辨别史实和观点 2. 理解和判定史料的价值 3. 对比解释 4. 整理史料	1. 通过多史料阅读有效获得史料信息 2. 对他人观点进行质疑 3. 为进一步论证储备资料 4. 形成独立认知
主题情境	1. 理解起因及影响 2. 概括、推论和假设 3. 设问与解惑 4. 识别历史的逻辑关系	1. 分析对比观点 2. 寻找合适的论据 3. 符合逻辑的论证 4. 否认或证实观点
项目写作	1. 史料整合 2. 写作表达 3. 概括总结	1. 整理需要研读的史料 2. 建构观点并清晰地表达 3. 体现概括论证的思维过程

批判性思维训练的三个要点是善于质疑、学会论证、遵循逻辑，在教学过程中针对不同的要点可以采取最具有针对性的教学方法。例如，按上表分类所示，群文阅读可以有效地激发质疑，引起学生提问。批判从质疑开始，人不会无缘无故地质疑，质疑的前提是阅读大量的史料，因此群文阅读的教学方法可以有效地训练学生的阅读理解能力，训练学生在这一过程中辨别史料和观点、鉴定史料的价值，对比分析史料的信息都是批

判性阅读的技能，而学会批判性阅读和思考，批判性思维即可得到训练。同样，主题情境教学中的问题链设计可以充分训练学生概括、分析和推理的能力，项目写作教学法可以训练学生有逻辑地进行历史的表达。当然，每种教学法中对技能的训练都不是单一的，它们都可以同时训练多种技能以提升批判性思维能力，所以历史技能的训练是提升思维、落实素养的抓手，因为记忆再多的历史事实也不会让我们具备历史学科的核心素养，学科的核心素养来自掌握各项历史分析技能，也就是批判性思维的技能。

四、批判性思维培养的核心路径

（一）通过史料教学培养批判性思维

翦伯赞先生说：“不钻进史料中去，不能研究历史；从史料中跑不出来，也不能懂得历史。”史料教学已然是历史教学的基本方法和必然趋势，所以批判性思维的建构离不开对史料的探究。如何通过对史料的选择、甄别、分析和运用，来帮助学生用历史的思维去思考问题，是中学历史教育者必须面对的问题。因此，史料教学应该作为培养高中生批判性思维的主要途径，但需要解决的问题是：培养学生的批判性思维是历史教学的重要追求但却不是全部追求。因此必须在强化批判性思维教学的同时，不弱化历史教学的基本任务，以便不影响具体教学目标的达成，还要尽量不增加学生的学习负担。因此，必须把批判性思维训练和史料教学目标有机整合在一起。

史料研习活动可以使历史教学别开生面。何成刚提出了以下策略：收集的资料要尽可能全面；强调历史资料的差异性；基于历史资料提出问题；关注历史叙述方法，并由此做出合理的分析评价；注重构建合理的历史解释。[①] 季晓燕认为，让学生在教师的引导下研读、分析、理解史料，从而得出结论与认识，学会独立思考、敢于质疑和反思教师、教材的

---

① 何成刚、彭禹、沈为慧：《智慧课堂：史料教学中的方法与策略》，北京：北京师范大学出版社，2010年，第34—35页。

观点，营造有生命活力的灵动课堂，提升史学素养，培养现代公民素质，实践人本化的教学理想。[1]从批判性思维的未来发展来看，将其落实到历史学习中，史论的确立、史实的考据、材料的辨析、史观的分析都可以成为专门训练的思维环节，进而成为历史学科思维明确与清晰的重要步骤。[2]本书“指向质疑的阅读式教学”章节将会详细阐述这一内容。

（二）通过问题教学培养批判性思维

通过问题教学就是将教材的知识点以问题的形式呈现在学生的面前，让学生在寻求、探索解决问题的思维活动中，掌握知识、发展智力、培养技能，进而培养自己发现问题、解决问题的能力。历史教学中批判性思维的培养离不开问题教学法的应用，因为清晰的思辨能力必须通过对问题的不断思考才能逐渐形成。当然，历史教学从来不缺问题，缺少的是有价值的问题，要引发学生探究的欲望并从中产生大量的思维活动，教师就要多提有价值的问题。例如，在教授王安石变法时，针对同样的教学内容，教师可以有如下两种设问方式：

一	二
1）归纳王安石变法前北宋社会危机的具体表现 2）概括王安石在“富国”“强兵”“育才”等方面采取的主要变法措施 3）评价王安石变法的历史作用	1）通过了解北宋的社会危机，判断变法是否具有可行性空间 2）通过分析王安石及变法的措施，判断变法可能会带来的后果 3）通过分析变法最终的结局，探讨思考其失败的历史必然性

若用第一种传统的设问方式来教学，学生根据教材内容和教师的讲解，也可以掌握变法的背景、措施和作用，但这种掌握是被动接受的，并且只是基于对知识的再现，是浮于表面的，学生批判性思维的发展基本没有空间，一个不具备自主意识和价值评判的人，若想在社会中真正有所担当是令人难以想象的。所以单纯用讲授法哪怕配以一些形式化的问题，

① 李晓燕：《批判性思维，高中历史教学情智培育的应然选择》，《新课程研究》2016年第8期。

② 吴四伍、王峰：《批判性历史思维的课程实践与历史测量的技能化反思》，《历史教学》2013年第7期。

要完全达成课程标准也是比较困难的。

可是，若用第二种方式来建构问题，批判性思维的发展就可以有很大的空间。将教学目标用批判性思维呈现后，学生就不再是被动地接受信息，因为如果没有对问题进行深入思考和探究，就无法判断变法的可行性和必要性，也就无法判断变法措施可能会带来的各种意料中或意料外的后果，学生就无法对变法的结果进行理性的反思。而历史学科的核心素养除了对史料的论证与解释能力外，历史反思与价值取向恐怕更为重要。本书在“指向求解的情境式教学”章节中将会详细阐述这一内容。

（三）通过项目写作培养批判性思维

项目写作本质上是一种论文表达。论文尤其是思辨性的论文，其内容的深刻性、条理性、逻辑性、开放性都是极为重要的指标，而这几项指标都与批判性思维有着本质的联系。可以说，在具备一定认识水平的前提下，语言表达能力是建构环节必不可少的能力。因此，让学生正确运用批判性思维是项目写作的重要目标，又是培养学生批判性思维的重要途径。教师在项目写作中培养学生的批判性思维主要体现在两个方面。

一是，在作前指导与构思中贯彻批判性思维要求。可以说，获得深刻性的过程就是一个不断批判的过程。而在批判的过程中，合理的追问至关重要。教师要不断对学生发问，并训练学生进行自我发问。以下是教学中的一段实录。

史料：

材料一　（1500—1800 年）中国占有了世界白银产量的四分之一至三分之一，……外国人为了与中国人做生意，不得不向中国人支付白银，这也确实表现为商业上的纳贡。白银是货币形态的资本，由此可见，整个世界经济秩序当时名副其实的是以中国为中心的。

——摘编自［德］贡德·弗兰克《白银资本——重视经济全球化中的东方》

材料二　直到清英鸦片战争爆发之前二十年，即道光帝立位的 1820 年，中国的总产出（GDP）仍占世界总份额的 32.9%，领先西欧核心十二国的产出总和十二个百分点，更遥遥领先于美国（1.8%）和日本（3.0%）。

——摘编自［英］麦迪逊《世界经济千年史》

判断与追问：

判断：19 世纪中期前的中国仍属全球首富。

追问：两次鸦片战争的结果是什么？

判断：中国战败。

追问：挨打皆因落后？

判断：挨打不一定因为落后。

追问：中国不落后？

史料：

材料三　中国之官炮，之官船，其工匠与监造之员，惟知畏累而省费，炮则并渣滓废铁入炉，安得不震裂？船则脆薄腐朽不中程，不足遇风涛，安能遇敌寇？

——摘编自魏源《圣武记》

材料四　今日之兵，或册多虚具，则有额无兵，粮多冒领，则有饷无兵；老弱滥充，则兵且非兵，训练不勤，则又兵不习兵，约束不严，则更兵不安兵。

——摘编自《黄爵滋奏疏许乃济奏议合刊》

判断：中国军队腐败，武器落后。

追问：经济仍属全球首富，为何军事落后？

判断：制度落后。

追问：挨打皆因落后？

判断：第一，鸦片战争前的中国，从经济实力上看并未落后于西方。因此，直接将"落后就要挨打"的结论抛给学生，缺乏严谨性。第二，从"挨打"的过程来看，中国在战争中显露出军事与科技的明显落后，因此"挨打"确因落后。第三，康乾盛世之后，中国的军事与科技迅速落后，这是中国政治体制导致的必然后果。

二是，在作后点评与修改中贯彻批判性思维要求。如果说作前指导与构思的关键词是“追问”，那作后点评与修改的关键词就是“逻辑”。作后的点评与修改固然要在立意的准确性与深刻性上有所评判和动作，但只要这些方面没有太大的问题，一般不要做颠覆性的改动建议，主旨只要顺着原文的文意再做提升即可，关键是要点出逻辑上不够完善的地方，是文章能体现内在的一致性和连贯性所在。本书“指向表达的项目式教学”单元将会详细阐述这一内容。

五、其他研究者的观点

思维无法在真空中孕育，批判性思维的培养也离不开其特有的教学方式。立足于历史教学，批判性思维的培养更是呈现出浓厚的学科特色。对此，研究者们从不同的角度进行了广泛的探讨。

陶晓芳和郑流爱利用宾夕法尼亚大学历史系教授杰克逊编写的高中历史教科书《世界历史》，从体裁体例、批判性思维训练专栏、史料运用、问题与作业设置四个方面介绍了美国的高中历史教学是如何体现批判性思维培养的。例如，在批判性思维训练专栏中，该教材设置了确定中心思想、理解因果关系、辨别论据和论点、推理和结论、比较与对比、整合信息、分析论证、洞察偏见、预测信息、分析信息、评估信息、形成并提出问题等内容，通过设置单独的批判性思维活动作业，引导学生综合运用批判性思维技能分析与解决现实问题。①

上海师范大学的王正瀚教授从具体的课例介绍了美国中学历史课堂批判性思维培养的方式。他认为批判性思维是关于任何学科、内容或者问题的思维模式，在美国历史科国家课程标准中被置于重要位置。批判性思维者在学习历史时，要用历史性思维方式去看待史实，必须从“对事件意义的具体解释”“影响解释的理论概念”“影响历史学家观点的前提假设”“形成历史思维的观点”等方面去理解历史学家，并以此为依据，列举了“审视历史：美国外交政策是怎样做出的”“学会反思：联邦制是个

① 陶晓芳、郑流爱：《由美国 McGrfaw-Hill 版〈世界历史〉看批判性思维的培养》，《中学历史教学参考》2016 年第 2 期。

失败吗”“交叉视角：19世纪欧洲殖民主义对非洲产生了什么影响”三个具体课题来说明美国的高中历史课堂是如何培养学生批判性思维的。①

除了介绍美国中学批判性思维的培养方式之外，更多的研究者还是结合中国历史教学的现实探讨了在历史教学中培养批判性思维需要转变的方面，例如：

1. 以学生为本的教学方法

赵玉民等认为，历史教学不能总是让学生陶醉于接受和理解。在培养学生批判性思维的理念下，教学设计应期望学生思维发生变化：在认识历史过程的基础上，不断深入思考；问题设计给出思维空间，对教材观点和结论进行质疑，要求学生重新思考，而不是以接受、理解为核心。在这样一个不断提出问题、思考问题、寻找论据的过程中，学生虽然不可能一开始就进入批判性思维的佳境，但在教师的诱导下，他们的思维能够被激活，有了思考兴趣才能进入实证阶段。实证也是需要训练的。学生具备了实证意识，独立思考才为期不远。②

刘立新认为，教学方式要考虑到怎样使学生从被动接受信息转变为主动探究，探询具体知识是怎样产生的、记述是否客观，教师应尽量少做价值评价和判断。若教师要表明态度，则需要明确这仅是个人看法或一家之言，这样才能启发学生从多种角度分析问题，把每个论据都看成是批判性讨论的一部分。③

历史学科能力不仅可以进行结构性的要素分析，同时也应该进行过程性的描述分析、批判性思维的技能化发展在论题的论证、推理的逻辑、证据的可信性评估、批判性阅读与研讨等方面积累了诸多经验，使得历史学科可以在史料的考证、史论的得出，材料的解析、史观的表达方面得到

① 王正瀚：《从课例看美国中学历史课堂批判性思维的培养》，《历史教学》2014年第19期。
② 赵玉民、曲现龙、乔京凤：《高中历史课程培养批判性思维的教学设计——以〈从“战时共产主义”到“斯大林模式”〉为例》，《历史教学》2014年第15期。
③ 刘立新：《历史教学应提倡批判性思维》，《历史教学》2008年第11期。

相应的改造，给历史学科能力培养的过程勾勒出清晰的思维路线轨迹图。[①]

2. 课堂文化的营造

发展批判性思维的教学与传统教学有一个很大的差别，它把信息作为激发学生思考的资料，通过质疑提问，在思想交流中激发新的思想火花，使学生逐渐养成进行批判性思维的习惯。因此，创造自由宽松的课堂环境就很重要。要使学生感觉到自己是个性化的人，知道自己与他人的区别，找到自己的价值，从而增强自信心，有所作为。[②]

戴羽明认为，要通过灵活、开放与深刻的教学设计，努力营造一种宽松的文化环境，赋予学生以自由的思想，在与知识平等协商的对话中，将知识富有创造性地转化，自主建构新的知识意义。从而使学生养成开放的态度、积极求真的精神，形成任何情况下都不盲从和屈服的精神，最终实现创新精神的提升。[③]

马斌说，我们应当提倡这样的课堂，其核心是创造条件以激发学生对既有观念和传统知识进行质疑、批判，通过平等对话，质疑教师的观点，让学生敢于和善于提出与教师不同的见解和观点。[④] 没有一个宽松平等的课堂氛围，批判性思维的培养便无从谈起。

历史教学的终极目标是落实学科核心素养以实现人的发展，这一价值取向的落实依赖于对思维的训练而非对知识的记忆。作为一门研究推理、论证的学科，批判性思维是创新的前提，它可以不依赖历史学科而存在，但历史教学需要批判性思维，因为历史认知的建构必定要使用批判性思维。历史思维本就蕴含批判性思维，批判性思维所采用的研究方法和技能又可使历史思维得到极大的拓展，所以培养批判性思维的历史教学法理应成为中学一线教师实践和研究的重要方向。

---

① 吴四伍、王峰：《批判性历史思维的课程实践与历史测量的技能化反思》，《历史教学》2013 年第 7 期。

② 刘立新：《历史教学应提倡批判性思维》，《历史教学》2008 年第 11 期。

③ 戴羽明:《用批判性思维解读第 40 题——兼论中国资本主义萌芽的教学观》,《历史教学》2011 年第 5 期。

④ 马斌：《高中历史教学中批判性思维培养的策略》，《中学教学参考》2010 年第 9 期。

第二章　一式：指向质疑的阅读式教学

阅读是一种理解、吸收、探究和感悟的过程，阅读可以丰富知识、改变思想、深化学习。阅读能力是历史教学和历史研究的最基本能力，新课程标准要求学生大力开展阅读活动，并且明确提出进行深度阅读的要求。“深度阅读的方法包括寻找文本中隐藏或者缺失的信息、持续阅读某个历史事物的文献材料、寻找文本中重要观点的史料来源等。”[①]教学中要以教材为重要的阅读教学资源，并逐步把深度阅读的能力迁移到其他文本的阅读中。只有博览群书，进行广泛有效的阅读，拓展自己的视野，理解能力才能有所提升，才会对已有的认知或新接触的观点进行质疑，而形成批判性思维恰恰就是从质疑开始。

第一节　群文阅读与历史教学

一、基于教材的群文阅读教学

（一）群文阅读教学的概念

群文阅读教学实践是近年来国内小学语文教育界自下而上发起的一种创造性教学行为，其源头最早可追溯至台湾地区小学语文教育学会会长赵镜中先生提出的观点，他认为：“随着图书出版及学生的阅读量的增加，教师开始尝试群文的阅读教学活动，结合教材及课外读物，针对相同的议题，进行多文本的阅读教学。”[②]此后小学语文教育界开展了大量的群

① 黄牧航：《中学生历史阅读教学的实践反思》，《历史教学》2023 年第 3 期。
② 赵镜中：《从“教课文”到“教阅读”》，《小学语文教师》2010 年第 5 期。

文阅读教学探索，形成了一定的规模和影响力。现将群文阅读教学的相关概念介绍如下。

南京市教科所刘大伟博士认为，结合现有的群文阅读教学实践来看，群文阅读教学是指在单位时间内，围绕一个议题，选择多个文本进行教与学的活动，这其中必须具备四个核心要素：多文本、议题、教与学和单位时间，缺一不可。①

多文本是群文阅读教学的核心内容，这里的文本不仅包含纸质文本，也可以是电子、图片、电影等多类型的文本模式。在多文本的遴选组合过程中，要充分考虑到文本结构化的内外在联系，考虑到结构应促使学生生成性思维的发展。

议题是群文阅读教学开展的有效策略，以一个问题或问题群的方式呈现出来，用问题来激发学生学习的兴趣，引导学生有效参与群文阅读，并最终推动学生陈述出自己对议题的看法或见解。议题的设定与研究过程实际上是培养学生的问题意识过程以及在解决问题过程中思维方式的变更。对于议题讨论结果，不一定要有明确的目标导向，即所谓的共识，因为群文阅读教学更多的是以培养学生思维的多元性、丰富性和拓展性为目标，结果是什么并不重要，过程才是关键。

教与学是群文阅读教学的呈现方式。群文阅读教学不强调对字词、篇章进行过多解读，而是侧重于教师以引导性话语促使学生在群文阅读过程中实现思维方式的变更。在教学过程中，教师能够真正地以参与者、引导者的身份出现，以议题的方式给予学生大块的时间，让学生带着问题进行自主学习。学生则是以课堂主导者身份参与课堂讨论，对议题做出合乎自己理解的解释，以实现对学生认知能力、判断能力等一系列能力的培养。

单位时间是群文阅读教学有效性的时间保障。一旦脱离单位时间的约束，群文阅读教学就体现不出与长时段的自主学习、探究学习、合作学习等学习方式之间的差异，也体现不出教师在课堂教学时间段内的有

① 刘大伟：《群文阅读教学的三个问题》，《教学与管理》2016年第11期。

效作用。[1]

从群文阅读教学的环节来看，主要包括确定议题、选择文章、设计问题。作为阅读教学，群文的选择必然成为实现教学目标的关键。研究者认为，在文本选择的过程中，要尽可能涵盖文本的多种类型，如神话、寓言、童话、小说、诗歌、散文等多种文本；也可以是生活中的实用性文本，如说明书、报纸新闻、广告等；还可以是有声图像，如电视电影片段等。只有进一步扩大选文的范围，才能够扩大学生的阅读视野，增加阅读总量，以助于在不同类型的阅读中提升学生阅读分析能力。在确定了选文类型之后，下一步需要考虑的是选文的互文性。20世纪60年代，法国学者朱丽娅·克里斯蒂娃提出："任何作品的本文都像许多行文的镶嵌品那样构成的，任何本文都是其他本文的吸收和转化。"在她看来，任何文本都是不自足的，其意义产生于跟其他文本交互参照、交互指涉的过程中。随后，罗兰巴尔特、德里达等人在其基础上进一步对互文性进行了研究，考察了文本内外身份、主体、意义等环节。简而言之，"狭义的互文性指一个文学文本与其他文学文本之间可论证的互涉关系……广义的互文性指任何文本与赋予该文本意义的知识、符码和表意实践之间的互涉关系"。[2]

（二）历史教学中的群文阅读

群文阅读教学的概念虽然兴起于小学语文教学，但对中学历史学科的教学一样具有重要的理论和实践价值。在语文教学中，群文的"文"多体现为文学文本；在历史教学中，群文的"文"主要指史料。

历史学习离不开阅读，历史事件发生于过去，人们需要借助阅读各种史料来进行认知和探究，"人们对于历史的了解，最初多源于历史故事的讲述和文本记叙；然后，主要是通过简繁不一的各种历史教科书、人物传记、学术专著，形成较为完整的历史知识。在这种阅读中，人们

① 刘大伟、蒋军晶：《群文阅读教学：概念、价值及实践路径》，《南京晓庄学院学报》2016年第1期。
② 李玉平：《互文性新论》，《南开学报》2006年第3期。

以历史故事、历史知识作为镜子，了解整个人类、整个民族、整个国家，包括各个城市、乡村、族群以及阅读者自身，如何成为一个历史的存在。人们按照自己所传承的文化传统、思维方式、价值取向，对历史文本所叙述的历史事实及其所蕴含的意义做出自己的判断和取舍。同时，也会在自身与历史文本的互动中，特别是在触及不同历史文本彼此互相扞格的那些记述时，对于历史事实本身及其所蕴含的意义产生疑惑、问题，并为追寻历史存在的真实状况而有目的、有计划地搜集更多资料，对不同的记述进行仔细的比勘、辩证和分析”。[①]《史学导论》中的这段叙述非常清晰地指出了历史阅读的功能。阅读史料，才能了解历史的基本信息，才能在不同史家的叙述中进行质疑，提出问题，才能搜集更多的史料进行历史探究。

中学生在历史学习中接触的信息多以文本史料的形式呈现，高中历史教材是其中重要的组成部分。教师的教学活动和学生的学习活动都以国家教材为基础，了解教材的主题，对教材中描述的历史事件和人物进行分析、理解及时空定位是历史阅读教学的第一步。但在历史教学中，仅仅阅读国家教材是不够的，因为教材的篇幅有限，面对极其复杂庞大的历史信息，编撰者针对每一个历史现象往往只能以寥寥数语一带而过，这就给中学生的历史理解与解释带来了困难。因此，历史的阅读教学要基于教材，更要高于教材。在教学中，教师要以教材所述知识为核心，补充充足的具有互文性质的史料，让学生进行多史料深度阅读，以达成有效获得史料信息、对他人观点进行质疑、储备资料进一步论证并最终形成独立认知等阅读教学的目标。

例如，在史学研究中存在诸多争议的王安石变法，高中教材在《中外历史纲要》的上册和选必一中皆有阐述，一是作为宋史的一部分，一是作为古代改革的典型进行呈现，可是无论从哪个视角呈现的信息都非常有限，结合后可以整理如下。

① 姜义华、瞿林东：《史学导论》，上海：复旦大学出版社，2018 年，第 109 页。

前提一	宋朝立国之后，实行文官统治，大量吸收和使用知识分子，采取养兵政策，建立了牢固的官僚机构。但在加强中央集权，保证社会秩序稳定的同时，也逐渐形成冗费、冗兵和冗官三大弊政。
前提二	范仲淹、富弼、欧阳修曾进行庆历新政。
前提三	改革以富国强兵为核心目标。
前提四	司马光、欧阳修、苏轼等一大批历史文化名人反对变法。
结果	变法引起激烈争议，最终被废止。

依据教材中的信息，从前提得到了结论看起来似乎顺理成章，可为何史学界对王安石变法的争议经久不衰呢？群文阅读的议题就此产生了，想要得到答案，就需要教师在教学活动中补充相关主题的史料以供学生阅读、辨析，梳理史实和其中的逻辑关系，如：

史实一	韩琦在《论减省冗费》中尖锐指出“朝廷若不能节用”，则后果难以设想。他要求当朝“先务节俭，凡奢靡之饰，奇巧之玩，无名支赐，无度取索，一切罢去”。① 苏轼在《嘉祐制策》及其他言论中，同样认为“方今天下何病哉？其始不立，其卒不成。惟其不成，是以厌之而愈不正也”②。 司马光看到了“害农者政”，认为“为今之术，劝农莫如重谷，重谷莫如平籴”。③
史实二	王安石因得到宋神宗的支持而行变法。司马光、欧阳修、苏轼等人皆为当朝官员。王安石官居参知政事，是当朝宰相，也是地主官僚的代表。

学生阅读史实一中的相关史料，可以获得的信息是：在王安石变法之前，朝廷上下多以改革为治国的必然。司马光等人既然力主改革，就意味着不能简单地以“守旧派”来定义他们，反对王安石改革并导致其失败的是“祖宗之法不可变”的守旧派，司马光等人不可能又是改革派又是守旧派。依据史实二学生可以获得的信息是：王安石与司马光等人皆为朝廷重臣，皆为既得利益获得者。而改革是对生产关系的调整，是对利益的再分配，王安石与司马光都认同变法就表示他们接受利益的再分配，不可能又要改革又要维持原有状态，这些信息呈现出的因果违反了逻辑

①〔宋〕吕祖谦：《皇朝文鉴》卷四四，北京：中华书局，1977年。
②〔宋〕苏轼：《苏轼集》卷四十四《思治论》，郑州：中州古籍出版社，2010年，第266页。
③〔宋〕司马光：《司马文正温国公文集》卷三，上海：商务印书馆，1912年。

推理的基本原则。那么，王安石变法失败的缘由究竟是什么？真的是遭到守旧派的激烈反对而最终失败吗？学生的质疑和问题就此产生。

可见，以教材为基点，在课堂有限的教学时间内，紧扣课标要求补充史料的多文本阅读教学，在拓展知识视野的同时激发学生主动发现问题，独立进行思考的能力，同时为进一步的分析论证积累材料。在上述案例中，变法遭到激烈反对的归因还需回到变法本身的措施影响去探究，还需要更多的史料才能进行合理的逻辑推理。因此，阅读史料辨析信息，师生讨论遵循逻辑，学生批判性思维的能力在阅读中就会逐渐提高。

二、历史阅读中的方法与态度

历史阅读的目标之一是对史实形成主观认知，史实封存于原始史料中，这就需要对史料进行辨别和解释。

辨别，是指对不同的事物在认识上加以分辨区别。解释，是指在思考的基础上，合理地说明事物变化的原因，事物之间的联系或者事物发展的规律。解释可能正确，也可能不正确，为了做出正确的解释，需要在充分获得史料的基础上，利用已有的知识，进行合乎逻辑、合乎正确史观的分析。

（一）辨别历史叙述

历史探究中，我们经常会面对史实和观点。张耕华在《历史哲学引论》中说："历史事实范畴，当有三个不同的层次和三种不同的含义：一是指历史事实的本体，这是一种存而不在的历史事实；二是指有关历史事实的观念，这是存在于历史学家意识之中的历史事实；三是指有关历史事实的信息，即历史本体的残存和遗迹，也就是通常所说的史料中的历史事实。"[①]

既往的史实，作为已经消逝的认识对象，它不能复制再现，而是必须依靠历史学家按照一定的规则和程序从史料中获取，并叙述在自己的历史著作中。由于认识者、研究者的历史观不同，阶级立场、政治立场不同，所占有的史料多寡及对史料理解的不同，在历史研究中往往会出现完全

① 张耕华：《历史哲学引论》，上海：复旦大学出版社，2009 年，第 43 页。

相反的认识。即使是历史观相同的人，也会因为观察问题的角度不同而产生各种不同的观点，因此观点具有明显的主观性。准确地区分历史叙述中的史实和观点，是进行历史探究的必备技能。

在历史叙述中，史实和观点的表现形式有明显差别。史实性叙述一般表现为陈述性语言，其叙述的内容只为呈现历史事件或历史人物的客观面貌，没有叙述者主观的评价。观点性叙述一般表现为议论或评判性语言，体现叙述者的主观认识。例如：

中国自汉以后，儒术盛行，其事实始于武帝，此人人能言之。然武帝非真知儒术之人也。武帝之侈宫室，乐巡游，事四夷，无一不与儒家之道相背。其封禅及起明堂，则惑于神仙家言耳，非行儒家之学也。然儒术卒以武帝之提倡而盛行，何哉？则所谓风气既成，受其鼓动而不自知也。

——摘自吕思勉《秦汉史》

上述材料中，“中国自汉以后，儒术盛行，其事实始于武帝”是史实性叙述，而“然儒术卒以武帝之提倡而盛行，何哉？则所谓风气既成，受其鼓动而不自知也”就属于观点性叙述。历史探究需要我们学会辨别史实与观点。由于史实与观点密不可分，准确区分有助于我们在历史探究中了解史实，并在此基础上审慎地对待观点，历史探究的过程和成果才会更具科学性。

当然，历史学习中需要区分史实与观点，更需要厘清史实与观点自身的价值。我们来看一道试题：

下表为与包拯有关的不同叙述。这些叙述作为史料，在

叙述	出处
包拯任监察御史时，曾弹劾包括宰相在内的多名朝中大员；后任开封府尹，善于断案，执法刚正不阿，对贪官疾恶如仇。	漆侠主编《辽宋西夏金代通史》
大宋年间，陈州大旱，刘得中、杨金吾受朝廷委派前去救灾，却大肆搜刮甚至害死百姓。开封府尹包拯微服暗访，查明事实真相，智斩杨金吾、锤击刘得中，为受害者雪冤。	元杂剧《陈州粜米》

续表

叙述	出处
后世子孙仕宦有犯赃滥者，不得放归本家；亡殁之后，不得葬于大茔之中。不从吾志，非吾子孙。	包拯家训

A. 描绘上是一致的　　B. 来源上是一致的　　C. 价值上是一致的　　D. 主旨上是一致的

该题题干中呈现的三则史料都与包拯相关，所要反映的主旨也是一致的，但因为不同的出处，它们的史料价值却不尽相同。历史阅读教学中要综合运用史料，包括文献史料在内的以文字记载的史料，在研究和认识历史中具有不可替代的优势，但史料的分类又是相对的，不同类别的史料其具体价值是不同的，因此当某类史料具有局限性时就需要其他来源的史料加以互证，应尽量选择原始史料，少用转引的史料；尽量选用与探究问题相关的具有代表性的史料形成互文，这样会更有利于提升阅读的效能。

（二）审慎对待观点

历史探究需要有严谨求实的态度。历史探究的目的在于弄清事物的真相，还原历史本来的面目，并在此基础上形成正确的结论。马克思主义史学认为历史本身是客观存在的，不以人的意志为转移。但我们无法直接面对存在过的人与事，我们只能通过过去的遗迹、遗物和历史文献来了解它，对它的理解过程要依赖于人们的想象进行重构。研究者的记述能否真实反映历史，研究者的观点是否客观中肯，一直是历史研究的焦点之一。因此，我们在历史阅读教学中需要教会学生审慎地对待既有的史学研究成果。

陈寅恪先生是中国现代著名的历史学家、古典文学研究家、诗人、语言学家。他在讲授历史研究的心得时，常说：“最重要的就是要根据史籍或其他资料以证明史实，认识史实，对该史实有新的理解，或新的看法，这就是史学与史识的表现。”他的学生曾经回忆道：“陈师在讲历史研究时常说，凡前人对历史发展所留传下来的记载或追述，我们如果要证明它为‘有’，则比较容易，因为只要能够发现一二种别的记录，以作旁证，就可以证明它为‘有’了。如果要证明它为‘无’，则委实不易，千万要小心从事。因为如你只查了一两种有关的文籍而不见其‘有’，那是还不能说定了，因为资料是很难齐全的，现有的文籍虽全查过了，安知尚有地下未发现或将发现的资料仍可证明其非‘无’呢？”陈寅恪对学术研究的严谨态度由此可见一斑。

审慎对待既有的史学研究成果，首先需要对既有史学观点的真实性与客观性进行质疑。历史阅读中我们经常会遇到的情况是史学家对历史的表述不一，这一过程包含历史认知的差异和历史评价的差异。因此，要想研究成果具有真实性，就必须保证历史认知和历史评价都具有真实性。作为历史阅读者，我们必须做的事情不是面对过去的研究经验和结论一味地盲从，而是应该整理客观论据来证明或反驳已有的观点。

审慎对待既有的史学研究成果，其次需要对既有的史学观点进行充分的论证。这就需要我们尽可能多地搜集阅读史料，因为充分地掌握史料有助于全面了解史实，并在此基础上，广泛地使用史学技术和人文社会科学研究的方法，如归纳法、演绎法、比较法等对史料进行分析。值得注意的是，在论证的过程中，我们必须努力使自己成为一个客观的人，因为不同的人对于同一史实的认识往往存在明显的差异。所以，在未经充分论证的情况下，我们不能轻易地对研究成果的真实性进行判断和推论。

审慎对待既有的史学研究成果，最后需要客观表达对既有史学观点的态度，选择认同或继续质疑。历史研究必须借助历史资料，而历史资料无论是文字、实物、行为还是影像等，与无限丰富的历史进程相比，能够留存下来的总是很少的一部分。阅读者能够看到的也只是其中的一部分。新史料地不断发现会引发重大的学术创新，从而使历史学得以展现无穷的青春魅力。因此，认同或质疑都是阶段性的，历史探究是无止境的。

审慎对待既有的史学研究成果，这既是一种学术态度，也是一种学科素养，只有具备了这种态度和素养，历史阅读的过程才不会偏离方向，历史探究的成果才能不断接近真相。

（三）注意史观的正确

历史理解和解释离不开正确史观的支撑。在人们认识历史的过程中，史观具有重要的作用。史学家冯天瑜把史观作为治学的基本方法和要求，他认为，“接触每一史学论题，都自觉地树立一种理论上的追求，在考察先辈对此论题已有的理论成就基础上，试图求得深入一层的诠解”。

史学家都是在一定的历史观指导下研究历史的，中学生的历史探究也应如此。我们在掌握了系统、扎实的历史知识之后，就需要借助一些理论对知识进行意义建构，把纷繁复杂、零散的历史知识串成线、结成体，从而使具体的史实展现一定的道理。历史学科一个鲜明的特点，就是具有史观上的差异，相同的史实，不同史观的探究者可以得出完全不同的历史解释。

马克思创立的唯物史观是科学的历史观，在世界范围内产生了极大影响，当代西方众多史学家对唯物史观也给予了很高的评价。唯物史观理论体系的完整性，对人类社会运动规律进行科学揭示的深刻性，关于人的本质的理论等等，到目前为止，还没有任何其他理论能够超过或替代它。所以，我们要学会运用唯物史观指导自己的历史探究。当然，要想运用唯物史观指导历史探究活动，我们就必须具备相应的知识和技能。如我们在历史探究中要承认历史的真相，承认先人的功业和成果，也要承认曾经犯过的错误，并承担应有的历史责任。我们要明确，社会生产力的发展水平决定了人类社会的进程，我们在历史探究中要透过现象看清本质，并且要关注精神生活对物质生活的反作用力。

总之，唯物史观是揭示人类社会历史客观基础及发展规律的科学历史观和方法论，它使历史学成为一门科学，只有运用唯物史观的立场、观点和方法，我们才能对历史有全面、客观的认识。

三、历史群文阅读教学的价值

（一）提升历史阅读的质量

《普通高中历史课程标准（2017 年版 2022 年修订）》中明确提到“阅

读”的地方共有17处。显然，从国家层面来看历史教学中的阅读问题越来越得到重视，而社会上历史读物的出版极尽繁荣，可供选择的余地很大，这虽然给学生提供了充足的阅读素材，但在学校课业任务过于繁重的高中，学生是否有时间进行历史书籍的阅读？是否进行的是有效阅读？历史阅读的量与质都要打上一个问号。

历史群文阅读教学可以增加阅读量，有效拓展学生的知识面。历史学习的第一步是了解基本史实，在信息量爆炸的当今社会，学生的信息来源渠道多样，但能够提供真实可靠史实的渠道，学生却很少能够接触，即使某些专业的书籍、网站可以提供真实可靠的史实，其可读性也远比不上各类通俗文学。让学生在课外无引导性、无目的性地泛读，效果肯定不如教学活动内在教师指导下有目的、有引导地阅读。群文阅读教学一方面可以使没时间进行课外阅读的学生尽可能多地阅读史料，一方面也可以让喜爱课外阅读的学生进行更有效度的阅读。例如，下文摘取的两段材料都聚焦于明代的“胡惟庸案”，属于同一主题的不同评述：

材料一　明太祖在加强专制主义中央集权政治的过程中，对某些地区的豪强地主进行了打击，他曾经籍没苏州、嘉兴、松江、湖州等地的豪族地主……又在南京抄杀了豪民一百七十余家，这些人在京城与官府勾结，私设公堂，隐匿逃犯，这当然是与专制主义政权不能相容。为了扫除君主集权的障碍，明太祖对功臣曾两次大肆杀戮。洪武十三年丞相胡惟庸一案……洪武二十六年蓝玉一案……洪武十八年，户部侍郎郭桓等吞没浙西秋粮事发，官吏数百人被处私刑……这一系列的措施，大大加强了中央政府和皇帝的权力，打击了豪族势力，整肃了吏治，也起了抑制兼并、缓和阶级矛盾的作用。[①]

材料二　明太祖朱元璋对全国大小政务都要自己亲自处理，唯恐大权旁落，他不仅大权要独揽，连小权也要独揽，在面临皇权与相权、将权的矛盾时，他以一种独特的方式加以处理。洪武十三年，朱元璋以“擅权植党”罪处死了胡惟庸。……洪武二十六年锦衣卫指挥出面诬告蓝玉谋反……胡蓝二

① 翦伯赞：《中国史纲要》第三册，北京：人民出版社，1963年，第178—179页。

人固然咎由自取，但牵连之广令人震惊，胡蓝之狱使开国功臣几乎一网打尽。这既反映了新王朝建立后皇权和相权、将权的矛盾，也反映了朱元璋对开国功臣的疑忌（如还有朱升、徐达、汤和）……一个游方僧出身的人当了皇帝，权力欲如此强烈，大张旗鼓地杀戮功臣，实在为历史上所罕见……①

“胡惟庸案”曾在许多历史通俗读本乃至影视作品中出现。同一个案件，学生在进行阅读时会发现材料一用其来叙述明太祖加强中央集权的问题，并给予肯定的描述，而材料二则用其来叙述明太祖皇帝的权力欲望和大杀功臣，给出否定的描写。这样同主题的对比阅读必然会引发学生思考，鼓励学生在阅读的过程中学会质疑、辨析、总结，提升学生的阅读思辨能力，这样的阅读才是有质量的阅读。

（二）改变传统的课堂模式

由于历史学科的学科特点，在当下的高中历史课堂中，讲授法依旧大行其道。许多教师在课堂上甚至一讲到底，留给学生独立阅读思考的时间极少。群文阅读式教学以多史料、固定时间的特性使得历史教师不得不放弃课堂中过多的结论性话语，将时间交给学生，教师的角色定位是对学生的阅读进行指导和点拨，而不是用教师的结论来代替学生的阅读实践，用模式化的语句来代替学生的体验和思考，由此改变传统的课堂模式。群文阅读教学由于对教师的知识面和问题设计都有很高要求，因此也必然推动教师不断提升自己的教学胜任力。

第二节　教会学生批判性阅读

一、像史学家一样阅读

知名学者徐贲指出，“深层阅读就是超越字面意义的阅读，不要读到什么就信以为真，不要浅尝辄止、囫囵吞枣，更不要人云亦云、随声

① 樊树志：《国史概要》，上海：复旦大学出版社，2000 年，第 315—317 页。

附和”。[①]

阅读教学实际上应该更多的教会学生阅读的策略，教学生在阅读过程中学会发现、学会思考、学会表达。无论是在阅读中教策略、教思考还是教表达，本质上都是提升学生的阅读思辨能力，鼓励学生在阅读中理解、质疑和发现。像史学家一样阅读就是这样一种阅读教学，它要求学生基于文献展开史料研读，在史料研读的过程中形成深入历史的探究模式，用史学家的研究方法和思维方式读历史。

与传统的教科书教学相比，像史学家一样阅读会要求学生遵循一个可预测的研究框架，通过查阅史料记载去构建解释史料的证据。

表 2-1　传统教科书教学与像历史学家一样阅读的区别[②]

	教科书教学	像历史学家一样阅读
目标	向学生介绍历史事件的时序、概念、人物	让学生参与合理的历史探究
史料的价值	学生记忆史实是为了在强调记忆的标准化考试中得分	背景知识有助于学生实现语境化并理解原始文献的意义
文本的价值	学生阅读一篇权威性的文章	学生从多个原始文献中质询历史叙述
知识论	历史知识是关于过去的零散史实的积累	学生通过阅读和核对多种历史文献中的记载来构建历史知识网络

从表格中我们可以看出，历史知识是可以被辩论和解释的，学生的学习过程也不是被动的记忆历史知识，而是通过阅读和核对多种历史文献中的记载来构建历史知识的过程。在这个过程中，教学的内容已经转化为教学的活动和资源，而学生质询历史叙述的能力是批判性思维培养的关键要点，这就需要我们进行批判性阅读。

胡应麟在《四部正讹》中总结了史料辨伪的方法：其一，核之《七略》，以观其源。其二，核之群志，以观其绪。其三，核之并世之言，以观其称。

① 徐贲：《人文的互联网：数码时代的读写与知识》，北京：北京大学出版社，2019 年，第 71 页。

② 转引自刘起利：《“像史学家一样阅读”中问题设计的研究》，西华师范大学专业硕士学位论文。

其四，核之异世之言，以观其述。其五，核之文，以观其体。其六，核之事，以观其时。其七，核之撰者，以观其托。其八，核之传者，以观其人。上述方法向我们提示了历史阅读教学中批判性思维训练的要点：我们要对史料追本溯源，分辨其中的主观偏见和客观观点；我们要将史料置于特定的语境，旨在基于文章的写作背景来理解史料；我们要力求史料相互佐证，目的是检验它们是否可靠。总结下来，就是溯源、语境和确证。

表 2–2 批判性阅读思维图

思维方向	训练要点	目标	驱动问题
溯源	史料的来源和目的	确定作者所处的时代 确定作者对历史事件的立场 确定作者的目的 判断史料的类型及价值	史料的作者是谁？ 写作的年代是哪一年？ 史料是怎样的类型？ 你是否选择相信该史料？
语境	将史料置于特定的时空环境中 将史料置于历史的因果关系中	理解背景信息对史料内容的影响 认识史料是特定历史阶段的产物	联系上下文进行考察，史料作者受到了哪些因素的影响？ 根据历史背景，你对史料的理解是什么？
确证	互证多个史料的叙述	分析史料结论的一致性和相异性 通过互证确定什么可以相信	和其他文献进行对比，确认叙述之间的差异，判断哪份史料最可信？ 你对史料存在哪些疑问？

史料实证和历史解释是课程标准要求的历史学科核心素养中的关键部分。史料实证要求能够比较、分析不同来源、不同观点的史料；能够在辨别史料作者意图的基础上利用史料；在对历史和现实问题进行独立探究的过程中，能够恰当地运用史料对所探究问题进行论述。历史解释则要求能够分辨不同的历史解释；尝试从来源、性质和目的等多方面，说明导致这些不同解释的原因并加以评析。历史解释的对象是史实，而史实已成既往，即使亲身经历了历史事件的人，也不可能对所有的历史细节全部都掌握，后人认识历史只能根据以往遗留下来的史料进行间接的探究，

所以不依据史料就不可能还原历史事实，历史解释也就无从谈起。

史料的有限性和局限性，决定了我们对于过去的了解总是不完整、不全面的，这必然会影响到历史解释的效果。实际上，流传到今天的史料很多已不是原来的面貌，单就文字史料而言，历经漫长的历史岁月，即便是保存得较为完整的，往往也有很多错误。印刷术发明之后，书籍得以广泛刻印传播，但在刊刻过程中，也难免会有各种谬误。所以，若不对这些古籍进行校勘、注释、理顺文句，就很难加以使用。另外，由于史书流传历时久远，各朝各代皆有为古书做注释的人，限于立场偏见和个人学识，往往会出现许多歪曲历史事实的描述。这就要求我们对见到的史料进行辨伪和审核。所以，研究历史必须对史料进行一番搜集、整理、鉴别工作，以保证历史研究建立在可靠、扎实的基础之上。因为历史阅读的前提是必须建立在真实可靠的史料基础之上，缺乏史料或史料不可靠，都不能得出正确的结论。

我们可以不做历史学家，但我们要学会历史学家思考问题的方式；所以我们需要批判性阅读，因为批判性阅读有助于我们获取真知！

下面我们以《解放战争》一课的相关内容来阐释表 2–2 中所示的批判性阅读思维方向。如前文所述，批判性阅读是通过阅读和核对多种历史文献中的记载来构建历史知识网络的过程，而学生质询历史叙述的能力则是批判性思维培养的关键要点。抗日战争结束时，作为远东战区最高领袖的蒋介石领袖威望可谓如日中天，然而在三年多的时间内就被人民唾弃，兵败大陆，退守台湾，这从蒋介石自己的日记中可见一斑：

沿途民众其发乎内心之一种情绪，对余所表示敬慕爱戴之精神，狂欢热烈，实非笔墨所能形容。

——摘编自 1945 年 9 月蒋介石巡视重庆后日记

为人唾弃，为世讥刺，其耻辱悲惨于兹为甚。

——摘编自 1949 年 11 月蒋介石撤离重庆前夕日记

通过两段日记的对比，引发学生的疑问：这种转变是由哪些因素造成的？解放战争的胜利仅仅是军事上的胜利吗？在学生产生探究欲望的前提下，教师很自然地可以开始进行批判性阅读教学。阅读教学的对象为史料，教师选取史料的方式可以是零星史料的组合，也可以是对专著论述的提炼。市面上可供阅读的书籍非常多，进行溯源，考证史料的价值及可读性就成为批判性阅读的第一步。

《中国的内战：1945—1949 年的政治斗争》书影

例如，左图所示《中国的内战：1945—1949年的政治斗争》这本书，我们在进行选择阅读时，首先要关注一下作者的背景。该书的作者胡素珊是一位美国学者。1972 年获美国加州大学柏克莱分校博士学位。她长期居住在香港，从事中国问题的研究和写作。除本书外，还著有：《中国的大学》《20 世纪 80 年代的中国教育改革》《激进主义与20世纪的中国教育改革》。《剑桥中国史》第 13 卷（中华民国部分）有关中国内战的篇章也出于她的手笔，她还为《剑桥中国史》第 14、15 卷（中华人民共和国部分）撰写了有关教育问题的三章。这样的简历告诉我们，她是一位中国问题研究的专家，参与《剑桥中国史》的撰写也说明其得到学界认可的学术研究水准，这些可以提示我们这本书是一本比较专业的历史研究专著，而非一本历史通俗读物。为了能够更好地为接下来的阅读提供更好的论据，我们还可以去关注书籍的推荐者。该书的首位推荐者为杨奎松，其主要学术专长是中共党史、中外关系史，现从事中国近现代史的研究。毕业于中国人民大学中共党史系。历任中国人民大学党史系讲师，中国社会科学院近代史研究所副研究员、研究员，北京大学历史系教授，华东师范大学紫江学者、教授、博士生导师。这样的推荐者无疑为书籍的专业性增加了分量。

溯源是让我们研究史料的来源和目的，在接下来的阅读中，我们还要关注史料的语境，因为时空环境或背景立场会极大地影响史料的价值，也会影响我们对史料内容的理解。如抗战结束后，对日伪或降军的处理问题，在学生的心目中，抗战胜利后汉奸或战犯肯定会被处理，然而事实却并非如此，并且这一问题是成为南京国民政府失去民心的重要原因，这一主题值得研究。

在光复地区，为什么仍然由伪政府官员，而不是国民党政府官员发布公告？为什么在伪政府中身居高位的叛国者被国民党授予同样的官职？为什么像伪上海市市长周佛海这样的汉奸以及南京的伪军总司令可以发布本来应该由重庆发布的命令？

——摘编自《新华日报》1945 年 8 月 25 日

上述材料来自《新华日报》，该报在抗日战争时期和解放战争初期（1938 年 1 月 11 日—1947 年 2 月 28 日）是中国共产党的大型机关报，它是由周恩来等老一辈无产阶级革命家在河北涉县一二九师司令部亲自创办的、中国共产党第一张在全国公开发行的报纸并一直持续至 1947 年 2 月 28 日。《新华日报》于 1949 年 4 月在南京复刊，1952 年成为中国共产党江苏省委机关报。可见，《新华日报》是一份党报，在抗战结束解放战争尚未开始的时期，它的立场需要考证。所谓孤证不立，我们需要寻找不同立场的信息才能证实结论：

没有任何迹象表明南京已经解放了……冈村宁次仍然在外交部大楼里办公。日本宪兵还驻留在前司法院的楼房里。到处都有日本哨兵站岗，他们受命维持和平和保护日侨……

——摘编自《大公报》1945 年 9 月 9 日

上述材料来自《大公报》，《大公报》于 1902 年 6 月 17 日创刊于天津，是现存历史最悠久的中文报纸。大公报为中国新闻文化事业培养了很多人才，对推动中国历史进步发挥了重要作用，中国新闻史学界有“一部新闻史，半部在大公”之说。2022 年 6 月 12 日，《大公报》创刊 120 周年庆祝仪式在香港会议展览中心举行。香港中联办主任骆惠宁首先宣读了中共中央总书记、国家主席、中央军委主席习近平对《大公报》创刊 120

周年的贺信。习近平总书记在贺信中说，值此《大公报》创刊120周年之际，向全体员工表示热烈的祝贺。显然，《大公报》是一个代表中间力量的新闻报刊，其立场可能会更加客观。中共的党报和中间力量的报刊，所述都指向了同一个问题，而两份报道都是抗战刚胜利前后发出的，这说明在当时国民政府对日伪力量的处理是让人失望的。那么，是否是因为国民政府的效率低下或接管不及时造成这种局面的呢？我们需要继续阅读。

或许最让人反感的是政府重新任用伪军中的高级军事人员，他们曾帮助日本人直接和自己同胞打过仗。

——《世界日报》1946年4月24日

《世界日报》是中华民国时期华北地区有影响的民营报纸。1925年2月10日在北京创刊，初期同情和支持反封建和反军阀的斗争，北洋政府倒台后，拥护南京国民党政府。1937年8月停刊，1945年11月20日复刊，依附南京国民党政府，北平解放后停刊。一份依附国民政府的报刊，在1946年抗战胜利快一年的背景下，也发出了“政府重新任用伪军”的感叹，结合前面两份报刊的报道，结论已不言而喻。

批判性阅读，溯源与语境都需要教师教会学生阅读方法，但批判性阅读最重要的还是建构观点。历史观点的建构，需要多角度归因进行论证。三年多的时间，国民政府就兵败如山倒，其背后原因必然不止是军事，所以在建构之前的阅读需要多主题、多角度。上文我们以国民政府任用日伪份子丧失民心为例，我们还可以从其他方面进行分析，如通货膨胀：

余新江心里有事，急促地走着。……街道两旁的高楼大厦，商场、银行、餐馆、舞厅、职业介绍所和生意畸形的兴隆的拍卖行，全都张灯结彩，高悬着“庆祝元旦”“恭贺新禧”之类的大字装饰。不知是哪一家别出心裁的商行带头，今年又出现了往年未曾有过的新花样：一条条用崭新的万元大钞接连成的长长彩带，居然代替了红绿彩绸，从雾气弥漫的一座座高楼顶上垂悬下来。有些地方甚至用才出笼的十万元大钞，来代替万元钞票，仿佛有意欢迎即将问世的百万元钞票的出台。也许商人算过账，钞票比红绿彩绸更便宜些？……微风过处，这些用“法币”做成的彩带满空飞舞，哗哗作响。这种奇特景象似乎并不犯忌，所以不像燃放爆竹和焰火那样，被官方明令禁止。

——摘编自罗广斌、杨益言《红岩》

上文的描述来自《红岩》。《红岩》是师生都非常熟悉的小说，文中对通货膨胀有非常生动的刻画，但因为是文学作品，其史料价值有限，只能作为一个佐证，所以需要增加其他材料进行互证。

1948年3月，一个公务员写信给《大公报》，讲述了自己的困难情况。

作为“政府机构的一个初级职员”，他每月的薪水是310万法币。这笔钱无法买到他和他的父母每月的生活必需品以及支付他们居住的小屋每月3斗米的房租。为了保持收支平衡，一家三口人的全部食物仅有大米、蔬菜以及每星期的1磅猪肉。然而，在一月底，政府将他这个级别职员的大米配给由每月8斗减少到每月3斗。他在信中写道，人们现在甚至买不起能够维持一个月基本生活的玉米面了。“在过去10天里，我们能吃到的东西只有稀粥。每天8小时坐在办公桌边，我时常饿得头昏眼花。”

——摘编自《大公报》1948年3月13日

结果经历了九年的通货膨胀，物价变动，社会财富重分配和其他的重大变动，中国经济变成了一个贫富相距甚远和尖锐对立的经济。战前的中层阶级在通货膨胀和压低待遇双重压力之下，除了做了既得利益集团附庸的贪官污吏外，差不多全部沦为赤贫。占人口85%以上的农民，则在兵祸、匪祸、征粮、出丁、水旱天灾等重重压迫之下，已在饥饿线上做垂危挣扎。在这极大多数同胞无法生活的时候，通货膨胀等政策却扩大了既得利益集团的力量，增加了既得利益集团的财富……

——摘编自伍启元《从经济观点论内战问题》，《观察》1946年9月7日，第3—4页

上述两段材料分别出自国民政府的公务员和清华大学的教授之手，他们都不可能站在国民政府的政治对立面，然而他们从不同的视角对通货膨胀给人民带来的痛苦进行了叙述，显示了经济崩溃是国民政府丧失

民心的重要原因。当然，国民政府垮台的原因还有很多，教学中可以指导学生继续进行多史料阅读。在建构认知的时候，我们还可以给予一些理论性的观点。

首先，新的统治者必须为国家提供更多的安全保障，他本人能够取代旧的统治者就充分地说明了这一点的重要性。他必须采取比前任政府更有力和有效的措施，从而让民众感到更安全。被取代的前政权很少能够做到这些……在这种情况下，民意的指向很容易发生改变。对原来政府的忠诚瓦解了……民众开始寻找能为他们提供更多的安全、和平以及更好的法律的新的权威。[1]

——摘编自查尔斯·W. 亨德尔《有关权威本质的探讨》

结合前文阅读中所获得的信息，结合理论性的观点，学生很容易可以得到一个结论：解放战争的胜利是人民战争的胜利，中国共产党最终执政是人民的选择!

历史阅读需要批判性思维，历史阅读也可以成为训练批判性思维的重要方法。进行批判性阅读，可以让学生审慎思考怎样对待眼前的史料，可以激发学生对自己的和他人的既有观念进行质疑。通过质疑，学生才能有自己的想法，才能对自己原有的思维进行批判性思考。

批判性思维是以充分的历史事实和理论依据为基础的。在展开合理论证的过程中，需要主动摆脱已形成的知识逻辑的制约。由于人的认识能力的有限性与认识的主观性，不可避免地导致正确与错误并存，真理性与非真理性互相交织，永远不可能达到永恒真理，只有通过质疑和批判才能使知识获得建设性的进步和发展。当然，进行质疑，并非毫无逻辑地胡乱猜测，而是根据已知推出的假设。质疑意识往往是发现新问题、提出新问题、进入到更深层次理性思考的起点。只有具备质疑意识，才能冲破已有的思维定式，挑战教科书的结论，从而转向新的发现和创新思维。这就要求学生在阅读理解新史料时，不能是被动的接受者，而要对新材料

---

①［美］查尔斯·W. 亨德尔：《有关权威本质的探讨》，见卡尔·J. 弗里德里希编《权威》，剑桥：哈佛大学出版社，1958 年，第 10—11 页。

所提供的信息进行理解、加工、选择和批判，保持一种内省状态，对已有知识予以客观审视，以开放的心态反省已有知识的概念及其内在逻辑，并能够提出具体的质疑问题。[①]

二、批判性阅读实践路径

“作为人文学科的历史课程，其教学本质所反映的教学行为是互动，由教学本质映衬出的教学气氛是交流”，单靠教科书内容的呈现是无法实现这种互动与交流的，它需要教师的组织和引领，用群文阅读教学探究教材内容是建构批判性思维的一种途径。因此，在历史教学的效果达成中，教科书仅仅是媒介，决定教学质量的关键因素还是教师。要想在使用教材的过程中建构批判性思维，就必须要将教材信息转化成能为学生所接受的素材，并且有效地运用到课堂教学的过程中，所以史料的支撑就成为最关键的因素。史料群文阅读不仅可以大大提升历史教学的专业化水平，也让批判性思维大放光彩。下文依旧以王安石变法这一历史事件为例，来探讨群文阅读教学中批判性思维的建构。

（一）阅读教材，提出质疑

批判性思维是质疑辨析、抓住要领，基于事实进行合乎逻辑推理论证的思维。历史教学强调“论从史出，史论结合”，不了解基本的史实就无法形成有价值的史识，批判性思维更无从谈起。对于中学历史教学来说，能够提供基本史实的最重要的素材依旧是教科书。因此，对教科书内容的归纳整理就成为学生形成基本认知的重要环节。

从学生的认知规律来看，最易接受的信息自然是改革内容，因为只有在了解改革内容的前提下才能去分析改革的背景和影响，从而形成基本的史识。如何才能在有限的课堂时间中迅速形成基本史实呢？表格归纳教材内容无疑是最简便易行的方法，例如：

① 戴羽明：《用批判性思维解读第40题——兼论中国资本主义萌芽的教学观》，《历史教学》2011 年第 5 期。

表 2-3 王安石变法内容

	核心内容	作用
财政制度	官府通过向农民提供农业贷款、拨巨资从事商业经营等手段，力图在调控经济的同时开辟财源	达到富国的目的，增加了大笔收入
军事体制	对农民进行编制管理和军事训练，希望借此逐渐恢复“兵农合一”的征兵制，取代募兵制	与西夏开战，又以失败告终
其他	改革官僚机构	
改革措施在执行过程中加重了人民的负担，引起巨大争议。统治集团内部的分裂日益严重，北宋逐渐走向衰亡		

学生通过对上表内容的自主学习，了解基本史实并非难事，有了这个基础，教师就可以引领学生去进一步建构史识。史识，是指在史观指导下对历史资料的理解、对历史现象的辨识、对历史规律的感悟和对历史与现实联系的认识。可以说，史识是通过分析客观史实得到的科学结论。能够通过分析得到科学结论，其必备的基本素养即具有批判性思维。从上述表格来看，教材对改革措施的描述主要集中在“富国”与“强兵”两个方面，而产生的作用一个是肯定、一个是否定。可是，达到富国的目的增加大笔收入的同时是怎么加重人民负担的呢？官府不是向农民提供农业贷款了吗？统治集团内部的分裂日益严重，北宋甚至逐渐走向衰亡，这么严重的后果就是因为与西夏开战失败导致的吗？学生必然会产生质疑，而教材自身的内容显然无法解答这些问题，因此教师可以利用这些疑问作为切入点，在建构史识时充分激发学生批判性思维的养成。

（二）选择史料，激发思维

批判性阅读教学应以教材为基点，但绝不能只依赖教材，当教材内容引发学生质疑后，教学中就需要选用同议题的史料形成群文阅读教学。

在历史课堂教学中最能提升学生历史思维的环节是对历史事件的评价。如前文示例的王安石变法，千古以来对这场变法的评价莫衷一是，比教材提供的结论要丰富得多。不同的史家，不同的视角，得出的观点往往截然相反，这其中很难说谁是绝对正确的，谁是绝对错误的。因此在阅读教学中，我们可以多提供一些史料给学生，以拓宽学生的视野，多角度思考问题。例如：

王荆公以兴作之说歆动先帝，先帝信之而患财之不足也，乃散青苗，置市易，敛役钱，变盐法；凡政之可以得民财者，无不用。①

安石乃汲汲以财利兵革为先务，引用凶邪，排摈忠直，躁迫强戾，使天下之人，嚣然丧其乐生之心。卒之群奸肆虐，流毒四海，至于崇宁、宣和（宋徽宗的年号）之际，而祸乱极矣。②

且如青苗之法，但能逐年比较，则官司既不邀功，百姓自免抑勒之患。免役之法，当少取宽剩之数，度其差雇所宜，无令下户虚有输纳。……保甲之法，止令就冬月农隙教习，仍委本路监司提按，既不至妨农害民，则众庶得安业。③

王安石没有从实际出发解决当时迫切需要解决的社会问题即三大灾害，而是从想当然出发，以增加税收来解决财政困难。这就不但没有解决或缓和原有的社会矛盾，反而激化了矛盾，加剧了与农民的对立和冲突。这种违背历史潮流和民心所向的做法，正是造成变法失败的根本原因。④

王安石……的贡献，在于进一步增大了市场因素在东南六路对汴京的物资供应体系中的份额，并在继承、发展、完善许元之法的基础上，对宋政府在东南诸路的消费性购买和供应体制进行了改革和新的制度化、常规化建设，使之既更加适应商品货币经济的发展，又能够反过来刺激拉动商品货币经济的发展。⑤

以上史料，有从农业的角度进行评价，有从商业的角度进行评价，有当时亲历者的评价，也有后世学者的评价，有肯定的评价，也有否定

①〔宋〕毕仲游：《西台集》卷七，郑州：中州古籍出版社，2005 年，第 187 页。
②〔元〕脱脱：《宋史·列传第八十六·王安石》，北京：商务印书馆，1934 年。
③〔宋〕李焘：《续资治通鉴长编》卷二五一，北京：中华书局，2004 年。
④ 顾全芳：《评王安石变法》，《晋阳学刊》1985 年第 1 期。
⑤ 李晓：《宋代工商业经济与政府干预研究》，北京：中国青年出版社，2000 年，第 311 页。

的评价。将这些极具差异性的史料提供给学生分析，学生必须要对史料进行辨析，并且选取自己认同的素材。或者对史料呈现的观点内容产生质疑，再通过各种渠道去寻找更多的辅证，从而进行独立的思考和判断。教师在使用史料进行阅读教学的过程中，若能再不失时机地引导学生去思考一些深层次的问题，如：当时人们激烈批评王安石，是因为他确实为了利益而不顾百姓死活吗？今人为何又能对王安石做出肯定的评价呢？如果你是变法者，你认为怎样调整变法的措施才能保证变法的成功呢？学生结合这些问题，对史料本身和史料所反映出的问题进行深度思考，我们何愁学生不会形成独立的分析、辨别、判断和反思的能力呢？批判性思维就是在这样一个不断探究史料的过程中被反复训练、提升、强化，从而最终建构起形成固定特征的历史思维模式。

值得注意的是，在教学中运用到史料并非就是史料阅读教学，这是因为通过史料可以直接得出结论，通过史料也可以论证出结论。前者虽然也会有助于学生形成史识，也会有助于建构批判性思维，但其层次是初始的，效果是有限的。因为在历史研究中，许多问题是没有定论的，而批判性思维不同于其他的思维类型，它特别强调对信息的处理，尤其是对原始资料或未经解释的信息加以处理。因此，能够提供多类别的、具有差异性又具互文性的史料，才能从根本上激发学生养成批判性思维。

卡尔·波普尔说，科学最主要的特征是“它始于问题，实践及理论的问题”[①]。批判性阅读正是以提问题的方式激活历史课堂，引导学生积极参与课堂探讨，主动思考，提出并解决问题。

（三）深度阅读，论证推理

批判性思维是面对相信什么或者做什么而做出合理决定的思维能力。在历史教学中，教科书所阐释的内容与传授的观点往往具有统一思维的特质。然而，随着史学研究地不断深入，新的学术成果不断呈现于世，

①［英］卡尔·波普尔著，范景中、李本正译：《通过知识获得解放——波普尔关于哲学历史与艺术的讲演和论文集》，北京：中国美术学院出版社，1996 年，第 2 页。

社会发展和经济的复杂变化也在不断拓宽人们的视野，一些传统观念面对新观念的冲击，往往会引起质疑。因此，用批判性思维对教材内容进行拓展分析就显得至关重要。

1. 从理财手段看变法的跨时代性

史学界对王安石变法的争论由来已久，成果颇丰，如青苗法、募役法等，教材中也有所涉猎，但以理财手段为分析主旨的论著却并不多见。笔者认为，以经济学的视角来分析变法才更具有时代的价值。

众所周知，在理财问题上，王安石和司马光有过激烈的争论，“民不加赋而国用足”的论断受到了司马光的严厉批判。在不增加百姓负担的情况下，能够增加国家的财富吗？从经济学的理论来看，不增加赋税而增加财政收入的方法很多，改变生产条件以发展生产、加速资本流通等许多措施都可以做到。王安石变法中的若干措施正是体现了对商品化社会和市场规律的应用。

青苗法就是类似的一个相当高明的方法。“青苗法者，以常平籴本作青苗钱，散与人户，令出息二分，春散秋敛。”[①] 从其具体内容和实施的办法来看，青苗法是以各路常平、广惠仓本贷放，贷放对象以农户为主，兼及工商，受贷者须结保或抵当，并以半年为限，取息二分。在百姓五谷青黄不接之时，通过青苗贷钱取息获利，既可济困助贫又增加了政府的财政收入。究其原因，就在于青苗法的放贷措施实质上已是银行借贷的雏形，它在用信用贷款的方式保证封建社会中最重要的两种生产要素——农民和土地能够发挥其应有的功能，以此刺激经济的成长。当生产发展增加了货物的流通量时，即使国家不提高税率也能在加速周转的流通状态中收到增加财政收入的成果。这种采用金融调控的方式管理国家财政的措施与现代国家的理财理念似乎已不谋而合。

再来看均输法。北宋都城汴京是一个巨大的消费市场，专有发运司主持由东南六路向都城供应物资的工作。然而诸路上贡，岁有定额，既劳

①〔元〕脱脱等：《宋史·列传第八十六·王安石》，北京：商务印书馆，1934 年。

民伤财又易刺激物价的波动。因此，均输法设计了“徙贵就贱，用近易远”[①]的原则，改革死板的实物征敛制度，根据年景收成的变化，“折钱与购买相结合，依托市场，舍远求近，通过增加购买获得上供物资”。其目的是协调供需关系，在保障物资供应的同时，“提高财政收支的效率，撙节购买、运输等开支”，减轻农民负担，打击商人操纵市场的行为，着眼点是“利用市场机制解决物资供应问题”。[②]显然，均输法充分体现了对市场规律和商品经济的关注。

除了利用金融等手段理财外，变法还鲜明地体现出国家干预经济的色彩。随着商品经济环境下市场机制对社会经济活动的调节作用愈加显著，变法实质上就是“通过变法度，加强政府对经济的干预力量，消除可能与人主争利的兼并势力”[③]的具体实践。以市易法为例，宋代是一个社会经济商品化程度取得突破性进展的朝代，搞市场垄断是商人牟利的重要手段之一。由于私商的垄断不仅阻碍了工商业者的正常经营，不利于商品的公平交易和市场供应，而且也常常损害政府的利益，因此，宋政府经常用法律和经济的双重手段抑制私商垄断的行为。王安石的市易法就是通过官营商业剥夺私商对市场的垄断权，“凡商旅所有必卖于市易，或非市肆所无，必买于市易。而本务率皆贱买贵卖，重入轻出，广收赢余”“凡牙侩市井之人，有敢于与市易争买卖者……小则笞责，大则编管”。[④]市易法在货源和销售两方面都压缩了大商人操控市场的空间，对稳定市场物价起到了一定作用。而前文所述的青苗法在用政府资本进行放贷，均输法在用政府“籴本”征购物资，这些新法都是政府直接介入经济运行，利用国家资本平抑物价的举措。以现代的眼光来看，“王安石通过农田水利法、免役法对公共设施、公共服务的提供机制进行的改革，通过方田

①〔清〕徐松：《宋会要辑稿·职官》四二，北京：中华书局，1957年。
②李晓：《宋代工商业经济与政府干预研究》，北京：中国青年出版社，2000年，第301页。
③叶坦：《论王安石“抑兼并”思想》，《天府新论》1988年第2期。
④〔宋〕李焘：《续资治通鉴长编》卷二五一，北京：中华书局，2004年。

均税法对土地所有权的审定，也不乏调整和规范社会经济秩序的意味”[1]。虽说用政府直接介入市场进行控制的方式会产生诸多弊病，但在封建政府尚“缺乏适应性去掌握一种多元的而经常成长改变的城市经济”之时，王安石就能“用官僚资本刺激商品的生产与流通”，[2]无疑是跨时代的进步。

2. 从体制局限看变法失败的必然性

王安石变法为何会失败？传统的观点认为，变法失败的根源在于触犯了大地主大官僚的利益，因此在失去皇帝的支持后，新法被保守派废除。事实是否真的如此，还需推理论证。

宋朝立国之后，实行文官统治，大量吸收和使用知识分子，采取养兵政策，建立了牢固的官僚机构。这些政策在加强中央集权，保证社会秩序稳定的同时，也逐渐向对立面转化，形成冗费、冗兵和冗官三大弊政。面对这种局面，许多在朝的知识分子从忧国忧民的角度出发，提出了不少革新朝政的建议。如范仲淹、富弼、欧阳修的庆历新政。从庆历新政到王安石变法，主张改革的人们奔走呼号，韩琦、苏轼、司马光等当朝大员多以改革为治国的必然，真正的所谓顽固派、守旧派是极少数。

翻检当时和后世的文献资料，我们很难找到证据证明司马光、欧阳修、苏轼等一大批历史文化名人反对变法是因为他们代表了大地主、大贵族的利益。他们冒着与年富力强的皇帝对着干，从而可能丧失一生政治前途的风险来反对变法，必然有着更为崇高的理由，那就是来自社会各个阶层痛苦挣扎的情形深深触动了他们的良知。所以李亚平先生说，“如果一定认为他们是代表了大贵族大地主阶级的利益、代表了某种僵化、保守的政治立场才反对变法的话，我们就必须同意这样一个前提，即苏东坡们在写下所有那一切辉煌文字的时候，实际上是口是心非的：在政治上，他们落后而反动；在经济上，他们贪婪而自私；在文化上，他们虚伪而心

① 李昕、胥仕元：《由市场失灵到政府失灵——从政府干预经济角度谈王安石变法》，《邯郸学院学报》2009 年第 2 期。

② 黄仁宇：《赫逊河畔谈中国历史》，北京：生活·读书·新知三联书店，1997 年。

理阴暗；在个人品质上，他们狡诈而伪善。否则，我们将无法自圆其说”。[1]然而，一切历史知识和常识都告诉我们，事实不是这个样子的。

那么，王安石变法失败的根本原因究竟是什么呢？我们可以根据阅读提炼的信息进行论证。如上文所述，变法的理财措施所体现出的理念是超越时代的进步和创新，但在帝国政治体制和各级官吏的运作下，原本具有功德性质和政治善意的政策往往变得面目全非。例如青苗法，其目的自然是在青黄不接时救农户之急，但“取天下之财以供天下之费”的出发点决定了政府的获利之心，加之封建政府不受任何监督，因此这一政策最终势必会沦为政府和各级官吏敛财的工具。青苗法下，各地都有固定的贷款准备金，上级下达的任务是要全部贷出去，并完成20%的增值。为了最大的谋取私利，有些地方官员甚至把利率提到了30%。农民得青苗钱“陈色白米一石，却将来纳新好小麦一石八斗七升五合，所取利近一倍”。青苗法已经代替民间资本成为官家垄断的高利贷生意。各地官府和官员还根据农户的经济状况，将之分为不同等级，各自要承担不同的贷款额度。同时，为了保证还贷，还强令当地富户与不同等级的农户结为利益共同体，由富户提供担保或抵押。“盖其初意本欲以裁抑兼并者，而其结果势必至以国家而自为兼并者也。”[2]出现这种状况的根源还在于帝国政体下缺乏现代的信贷体系与监督机制。

市易法和均输法同样存在这些问题。原本立足于平抑物价、抑制大商人重利盘剥的新政策，蜕变成国家垄断市场、货源、价格的手段，“尽笼诸路杂货，渔夺商人毫末之利”，造成“卖梳朴则梳朴贵，卖脂麻则脂麻贵”的局面。而挟官府之势的垄断对于公平交易、自由竞争所造成的戕害，比单纯私商的垄断更为酷烈。因为任何时代，国家想依靠行政权力来与民间争夺商业利益，都是一件轻而易举的事情。在帝国体制下，

① 李亚平：《帝国政界往事：公元1127年大宋实录》，天津：天津人民出版社，2015年，第73页。

② 梁启超：《王安石评传》，北京：世界书局本，1935年，第57页。

政府对经济的干预不仅未能有效地克服市场的失灵，反而阻碍和限制了市场功能的正常发挥，进而加剧了市场的紊乱，因此具有良好愿望的新法最终完全沦为政府增收的工具，又给官吏腐败打开了方便之门。

以今天的眼光来看，一场改革能否成功，需要满足众多的必要条件，“国家决策层治理好国家的政治善意与目标；改革目标与社会发展、人民需求的深度吻合；社会发展程度与改革步骤的适应；具有政治智慧、耐心和洞察力的改革政策、策略、步骤与准备；稳妥而正确的实施路径；贯彻执行改革的人力资源等等”。[①] 反观王安石变法，恐怕只有决策层治理好国家的政治善意与目标可以说是勉强吻合，其他所有条件基本无从谈起，特别是宋朝客观的社会发展程度与改革的主观措施严重不相适应，改革结果所呈现的悲剧色彩自然就无可避免了。可以说，王安石变法带有浓重的理想化色彩。

（四）运用史实，建构史识

在史料支撑下进行深度解构教材内容，可以引导学生对史实有全面而深刻的认识，但要使学生在阅读中形成逻辑推理思维，还需要教师用具体的案例设计问题进行驱动。

例如，以改革中的免役法为案例，农民只要缴纳免役钱就可以避免差役负担，即保证了不夺农时，又打击了富家大族，可谓一举两得，这么好的措施为何还会遭到反对呢？学生提出质疑时，只需提供几段史料让学生自己阅读即可：

女户、单丁户、未成丁户、僧道户和城市中的上五等户，旧无差役负担者，一律按其田产数量减半出钱，称为助役钱。……诸路州县均须分别预计一年应用雇值若干，由各该州县的上四等民户分别摊纳。在实际应用数目之额外，还必须多取百分之二十，称为免役宽剩钱。[②]

学生在读完史料中，通过分析会发现免役法存在的许多问题：原来

① 李亚平：《帝国政界往事：公元1127年大宋实录》，天津：天津人民出版社，2015年，第74页。

② 邓广铭：《北宋政治改革家王安石》，北京：三联书店，2007年，第160页。

不充役的女户、单丁户、未成丁户和享有特权的官户、寺院户，需要按同等人户的“免役钱”之半，缴纳“助役钱”。在征收免役助役钱时，政府还要加收20%的免役宽剩钱，这样的规定固然打破了官户、寺院户的特权，但原来由于贫困而免于充役的下等户却严重增加了负担。虽然下等户纳钱不多，但“户数至广，积少成多，役钱恃此而足”，看来免役法为使官府富裕而大大加重百姓负担的弊病是显而易见的。那么，免役法会不会还存在其他问题呢？教师可以再提供一段史料：

盖熙宁之征免役钱也，非专为供乡户募人充役之用而已，官府之需用、吏胥之廪给，皆出于此。……是假免役之名以取之，而复他作名色以役之也。①

学生阅读之后会更加明白免役法遭到反对的原因。原来，免役法在执行之中，免役钱并没有专款专用，“庸钱不除，差役依旧”，百姓的免役钱是缴纳了，可差役负担并没有减轻，政府如此失信于百姓，免役法遭到激烈的反对就不足为奇了。教师通过史料的运用，使学生对客观的史实有了更全面的了解，在多角度分析史实形成自我认识的同时，学生的逻辑推理思维必然也随之得到训练。由此可见，基于史实形成史识，是批判性思维形成的基本途径。

当然，通过阅读教学建构批判性思维，核心素养始终是其建构的价值体现。新的普通高中历史课程标准为历史课程规定的总目标是：“通过历史课程的学习，学生能够形成作为合格公民应具备的历史学科核心素养”，显然，历史核心素养的形成已成为高中历史教学最根本的目标。如何才能让学生形成核心素养呢？它需要学生“能够从历史的角度养成求真求实的意识和精神”，“能够在自己对历史的论述中体现出正确的思想导向和价值评判”。因此，戴加平先生说：“历史教学要服务于现代公民的培养，要重视对学生求真求实意识与精神的涵养。”② 而形成求真求实的意识和精神，必须要激发学生独立思考的能力，必须要涵养学

①〔元〕马端临：《文献通考·职役考》，北京：中华书局，1986年。

②戴加平：《史料在中学历史教学中的主要功能及其实现路径》，《历史教学》，2015年第12期。

生的探究和创新意识，这与批判性思维的建构目标可谓不谋而合。

若用传统的讲授法来教学，学生根据教材内容和教师的讲解，也可以掌握变法的背景、措施和作用，但这种掌握是被动接受的，是浮于表面的，学生批判性思维的发展基本没有空间，一个不具备自主意识和价值评判的人，若想对社会真正有所担当是难以想象的。所以单纯用讲授法哪怕配以一些形式化的史料阅读，要完全达成课程标准也是比较困难的。

然而，用批判性阅读来深度解构教材，引发质疑和思考，学生就不再只是被动地接受信息，因为没有阅读就没有质疑，没有质疑就不会对史料进行深入思考和探究，就无法判断变法的可行性和必要性，就无法判断变法措施可能会带来的各种意料中或意料外的后果，就无法对变法的结果进行理性的反思。而历史学科的核心素养除了对史料的论证与解释能力外，历史反思与价值取向恐怕更为重要，“树立深思熟虑的思考态度，尤其是理智的怀疑和反思态度”，“养成清晰性、相对性、一致性、正当性和预见性等好的思维品质”，[①] 这些都是学生终身发展和民族、社会、国家发展所需的必备素养。当批判性阅读与历史核心素养的塑造完全结合后，历史教学的效益自然会明显不同。

赵亚夫先生说：“历史教学必须创造出与学生历史认知——将学会质疑作为学会学习的前提——相吻合的培养学生批判性思维的教学环境和学习经历，特别是高中学生理应通过内化的思维系统去筛选、重组各种信息，并有能力解释、设计历史概念和现象。”[②] 要创造出符合学生历史认知和批判性思维培养的阅读教学方法，历史教师的学科素养当然就显得至关重要，因为史料的选择、议题的确定、问题的设计、课堂的引领，每一个环节都需要教师精心设计，“当教师的逻辑推理方式和解决问题的方法极少含有批判性思维时，学生也就远离了历史教育的本真追求”。阅读史料，立足思维，中学历史教师任重而道远。

① 谷振诣、刘壮虎：《批判性思维教程》，北京：北京大学出版社，2006年。
② 赵亚夫：《批判性思维决定历史教学的质量》，《课程·教材·教法》2013年第2期。

第三章　二式：指向求解的情境式教学

新课程标准在针对统编教材给出的教学建议中指出，“重点关注大概念，让课程内容结构清晰。在主题引领下，使课程内容情境化，落实学科核心素养的渗透与培养”，① 要求教师通过各种历史素材和问题设计再现历史情境，为学生提供一个与历史对话的机会，“使学生学会站在特定的历史时空中感悟历史变迁，逐渐养成运用历史思维和历史方法解决真实情境中的问题”。② 可见，通过情境的引入将问题推进并不断解惑以建构新的认知是达成历史核心素养的重要途径，也是课程标准对中学历史教学过程提出的基本要求。

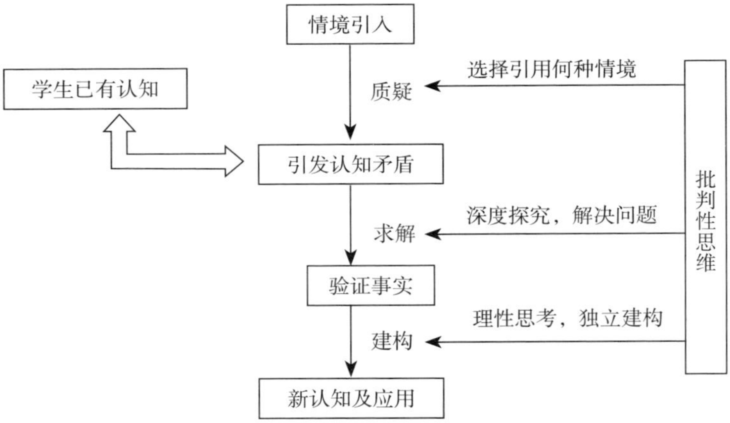

图 3-1　情境教学思维模型图

①《普通高中历史课程标准解读》，北京：高等教育出版社，2018 年，第 193 页。
②《普通高中历史课程标准解读》，北京：高等教育出版社，2018 年，第 196 页。

历史教学中，学生存在的问题是多样的，不同类型的情境可以有针对性地解决教学中存在的不同问题，它通过论证环节中的逻辑与推理，作用于对学生批判性思维的提升。《文心雕龙》中说：“情以物迁，辞以情发。”客观情境会影响人的情感变化，情感变化又会触动语辞的激发，因此在教学过程中，教师若能有目的性地引入或创设具有一定情绪色彩的、设疑启智的具体场景，就可以引起学生的态度体验，从而帮助学生理解教材，并使学生的心理机能得到发展。本章将列举四种中学历史教学中常用的情境设计的方法和原则，并辅以统编教材中的相关知识作为案例，来探讨中学历史教学过程中情境教学的应用策略。

第一节 学术情境

一、情境目标

学术情境指历史学术研究中的问题，包括历史学家对某一历史问题有多种看法等。[①] 学术情境对接大学教材和学者研究，引导学生增加对历史研究的兴趣，增强对大学历史课堂的向往。同时，引导学生增加对课外书籍的阅读兴趣，强化他们独立思考的能力。

二、设计原则

在课堂教学实践中，学生理解障碍的表现有很多，对知识无法全面深入理解的一个非常重要的原因是学生只知概念的名称而未把握概念的核心内涵，所以无法基于概念进行判断和推理，而历史学习中学术研究情境指向历史学界对某一历史问题的不同看法、对某一历史时期的分析研究等，设置情境的过程中尽可能地将学术观点和学术研究成果引入中学课堂，将大大有助于学生对教材概念的深度理解。因此设置学术情境既可以将部分束之高阁的史学研究成果推广于基础教育，又可以拓展学生的视

① 徐奉先：《基于高考评价体系的历史科考试内容改革实施路径》，《中国考试》2019年第12期，第64页。

野，提升历史研究的技能和思维，解决他们在学习中遇到的各种思而不解的难题，可谓一举两得。在学术情境的设计中我们要注意以下原则：

（一）突显情境的学术性

学术情境的设计就是要将学术成果转换下移，通过传授过程改变课堂教学模式和学习模式，最终改变历史教学的现状，因此学术情境一定要突出学术性。那么，何为学术性呢？

学术，是指系统专门的学问，是对存在物及其规律的学科化论证。历史学作为一门阐释人类历史进程及其规律的学科，也有其论证的系统方法和认知规律。将历史学自身的论证方法和认知规律引入到中学历史教学实践中，并以此设计情境达成历史课程目标，这就是“学术性”。具体而言，它包括以下几个方面。

1.“学术”的内容

学术情境的设计首先要构建学术的内容。回归历史学的本身，华师大张耕华教授将历史学分为四个层面，包括“史实的确认、史事的理解、历史规律的概括、历史意义的评价”[①]，无论哪个层面的历史其最终呈现形式皆为史料。虽然历史学和历史教学担负着不同的使命，但在当前的历史教学中，广大教师对于将史学研究成果引入中学教学的教育意义和时代意义已有了基本的价值认同，所以史料教学已经被广泛实践。然而史料也具有层次性和多样性，合理有效地选择史料是教学目标能否达成的关键。

整体而言，史料可以分为历史记录和史学著作。历史记录是历史观察者对历史事件、人物、过程等的记录，虽然也会掺杂记录者的主观意识，但一般来说不会对历史现象和过程进行全面的理论分析，所以历史记录还是资料性的东西，本身包含着大量的关于客观历史过程的信息密码。史学著作则侧重于对历史事件或过程阐述观点或看法，带有作者较强的历史观和价值取向。[②] 无论是历史记录还是史学著作，只要是被学界普遍

① 张耕华：《历史哲学引论》，上海：复旦大学出版社，2009 年，第 39 页。
② 庞卓恒主编：《史学概论》，北京：高等教育出版社，1995 年，第 20—21 页。

认可的学术观点和方法都可以作为历史研究的成果，而中学教学过程实际上是一个利用和推广史学研究成果的过程。因此，历史记录和史学著作对中学课堂都有独特的价值，也由此构成了学术内容的核心部分。

2.“学术”的方法

学术的内容构成学术情境的主体，实践这一主体还需要学术的方法。依旧回归到历史学的本身来看，研究历史的方法很多，根据它们在研究过程中的功用不同，可分为两大类包括：搜集史料、史实和辨识其是非真伪的方法，又称考实性、技术性的方法；探寻历史事实和现象之间相互联系或因果规律性的方法，又称理论导向性方法。[1] 无论是技术性方法还是理论导向性方法，单纯依靠中学课堂去实践都是不切实际的，但依据课标要求，对中学课堂进行渗透却必不可少。学术情境是学生以历史知识和材料为中介所形成的体现历史学科特点的感知、阅读、阐述、评价、释疑等能力的总和。所以，学术情境要体现史学方法，特别是一些新方法，如比较史学、计量史学、心理史学等，设计学术情境时，如何更好地引导学生对情境中的史料进行辨析，如何采用更有利于学生进行历史探究的学术成果，都是设计者必须要突破的难题，唯有如此，“学术”的内容才能被有效地贯彻。

3.“学术”的态度

英国历史学家爱德华·霍列特·卡尔在《历史是什么？》中借用豪斯曼的话说：“准确是责任，不是美德，称赞一位历史学家叙述准确，就像称赞一位建筑师在他的建筑中用了干燥的木材或者适度的混凝土。”[2] 历史是一门研究人类自身问题的学科，站在客观的立场上，澄清历史事实的真相是史学的基本责任。中学历史教材因为种种社会因素的影响，对历史事件的叙述往往不够客观，或者只说其一不说其二，甚至可能出现

① 庞卓恒主编：《史学概论》，北京：高等教育出版社，1995 年，第 164 页。

② [英]爱德华·霍列特·卡尔著，吴柱存译：《历史是什么？》，北京：商务印书馆，1981 年，第 5—6 页。

与历史研究成果截然相反的论述，这些都严重干扰了学生对历史的理解。建立在“不真实”历史上的课堂又怎么能培养出历史真正的学科素养？因此，学术情境离不开学术的态度。

学术的态度首先表现为追求真理，对历史真相负责。追求真理，就意味着在情境教学中要学生学会独立自由的思考，要学生具备全面、客观、辩证、发展的眼光，要培养学生开放包容、尊重与理解他人的观念。而这些要求，既是研究历史必备的学术态度，也是批判性思维的基本指向。

“历史学本质上是一门思想的学问，就中学历史教学而言，为的就是帮助学生认识支撑我们社会的基本价值观念在历史上是如何形成的，价值观教育应该是历史教育的核心”，[①] 黄牧航教授的这段话告诉我们，学术的态度还必须具备正确的价值观，特别是正确的史观。因为史识往往深受价值观的影响，拥有正确的价值指向和科学的史观对学生形成严谨的历史解释具有不可估量的作用。

教师是历史课程实施的主体，教师的专业素养直接影响着历史课程的实施效果。学术情境立足于学生对必备知识的深度理解，立足于对历史思维能力的培养和价值判断能力的养成，必然要求教师也具备一种立足学科研究，具有丰厚学养的学术精神。这样的教师必然要遵循学术研究追寻的研究性、科学性和求真性，在构建学术情境的过程中，将视角下移到历史课堂，转化出接近真实、理解历史、重构课堂的内在理路。[②] 所以，“学术”的态度不光是学生需要具备，教师也必不可少。

（二）突显观点的冲突性

学术情境往往由史学家相异的历史理解和历史解释展开，因此观点要具有冲突性或相互矛盾性，才能更好地激发学生探究的兴趣。

历史理解和解释的过程是由概念、判断和推理来承担和表现的。只

① 黄牧航：《高中历史科学业评价体系研究》，长春：长春出版社，2011 年，第 103 页。
② 石晓健：《高中历史学术性课堂建构的理念与实践研究》，苏州大学硕士论文，2014 年，第 6—7 页。

有做到准确把握概念、正确运用判断、精确进行推理，历史解释才能合乎逻辑的要求。概念是反映事物本质属性的思维形态，也是判断、推理和论证的基础，是历史学习的起点。熟练掌握历史知识的前提是准确地理解核心概念，以核心概念理解中存在的问题为引领创设学术情境，对于理解核心概念、掌握教材的基本结构和培养历史学科的核心能力都有着重要的现实意义。

反映历史事实、历史现象和历史过程的概念，经常包含着大量的不确定性乃至极大的致异性。围绕着这些概念而产生的学术争论经久不衰，不同的研究者因为视角不同可能会得出截然相反的历史解释，这些在客观上都会增加中学生的理解障碍。教学中，我们不妨引入学术争论，并以此为话题来突破核心概念。

以唐代的两税法为例。两税法是中国古代赋税制度发展进程中的转折点，统编教材在纲要上册和选择性必修一两册书中都对两税法有所描述，可见其重要性。

材料　两税之立，则异于斯。唯以资产为宗，不以丁身为本。资产少者，则其税少；资产多者，则其税多。曾不悟资产之中，事情不一。有藏于襟怀囊箧，物虽贵而人莫能窥；有积于场圃囷仓，直虽轻而众以为富；有流通蕃息之货，数虽寡而计日收赢；有庐舍器用之资，价虽高而终岁无利。如此之比，其流实繁，一概计估算缗，宜其失平长伪。由是务轻赍而乐转徙者，恒脱于徭税，敦本业而树居产者，每困于征求。此乃诱之为奸，驱之避役。力用不得不弛，风俗不得不讹，闾井不得不残，赋入不得不阙。[①]

盖当大乱之后，人口死徙虚耗，岂复承平之旧？其不可转移失陷者，独田亩耳。然则视大历十四年垦田之数，以定两税之法，虽非经国之远图，乃救弊之良法也。……然必欲复租庸调之法，必先复口分世业之法，均天下之田，使贫富等而后可。若不能均田，则两税乃不可易之法矣！又历代口赋，皆视丁中，以为厚薄。然人之贫富不齐，由来久矣。今有幼未成丁，而承袭世资，

①〔唐〕陆贽：《陆贽集》卷二二，北京：中华书局，2010 年，第 722—723 页。

家累千金者，乃薄赋之。又有年齿已壮，而身居穷约，家无置锥者，乃厚赋之。岂不背缪！①

——摘编自马端临：《文献通考》卷三《田赋三》

上述两段材料分别来自唐代陆贽和宋代马端临，他们对两税法的计税原则给出了截然相反的评价，前者认为租庸调制采取以丁为本的计税原则才是正确的，而两税的资产很难估算，计资定户、按等定税的不合理会造成一系列社会问题。后者则不拘泥于与土地相关的租庸调制才是良法的成说，而认为“在安史之乱加剧了土地占有严重不均和税负不均之后，计丁征收的租庸调制就丧失了原有的一定的合理性，而顺应贫富不均状况的两税法则是救弊之良法。”② 两位史学家对两税法计税原则及影响的议论毁誉不一，代表了后世对两税法评价的主要观点。两税法引起争议源于其内涵的复杂性，我们在教学中要想理解两税法实施中的复杂性和后世对其不同的看法，就要回到两税法本身去探讨。教师就可以借此创设学术情境进行核心概念的突破。

在弄清了两税法概念的内涵后，回到陆贽和马端临的观点差异，我们可以进一步思考：以资产为主要依据的征税方法固然体现了封建国家对农民人身控制的放松，但伴随而来的问题是定税时如何审核资产？真的能做到“令黜陟使各量风土所宜、人户多少均之，定其赋”的合理平均吗？《贞元元年南郊大赦天下制》云：“自立两税，经今六年。或初定之时，已有偏并；或户口减耗，旧额犹存。轻重不均，流亡转甚。委度支即折衷条理，以恤困穷。”③ 这说明两税法实施以后，以大历年间所定旧额为依据征税的规定是坚持了，但是加税随之而来，旧额难免又被突破；户口减耗日甚，各州旧额分配轻重不一的情况一直没有改善。而对于计资定户等和定税额的问题，郑学檬先生分析后总结：“资产包括土地、桑、居宅、牲畜和钱

①〔宋〕马端临：《文献通考》卷三《田赋三》，北京：中华书局，2011 年，第 48 页。
② 陈明光：《唐宋人论杨炎倡行两税法述评》，《中国史研究动态》2021 年第 1 期。
③〔宋〕宋敏求：《唐大诏令集》卷六九，北京：中华书局，2008 年，第 303 页。

财等项。关于钱财，正如陆贽所说‘有藏于襟怀囊箧，物虽贵而人莫能窥’，很难估算。因此，在实际的计资定户等、按等定税中，很难准确而严格地做到合理均平。”① 由此可见，两税法实施过程中产生的问题是显而易见的，但在均田制瓦解、租庸调制无法实施的前提下，两税法的存在亦有其合理性和进步性，陆贽和马端临的观点争论正是提示我们历史概念的复杂性，教学中只有不断地去探究核心概念的内涵，才能真正地理解核心概念，才能据此分析、推理、判断。

学术情境的利用可以帮助学生了解已有的史学研究成果，拓展思维的深度和广度。利用学术情境突破核心概念虽然不能解决学生在学习中面对的所有困惑，但对于帮助学生有效地理解核心概念和提升关键能力必然会有巨大的帮助。

三、情境示例

学术情境的基础是建构在学术的内容之上的，如何以学术的内容加深学生的认知从而提升其学科素养呢？首先我们要回归对史实的确认和史事的理解。在下文中，我们以小农经济这一重要的概念为例进行探讨。

（一）概念的解构

中国传统农业是以家庭型的个体小生产为主要形式，自从在春秋战国产生以来，精耕细作为主流的农业在当时的世界上无疑是属于最先进的。《汉书·食货志》中所载的战国李悝的一段话就很能说明问题：“今一夫挟五口，治田百亩，岁收亩一石半，为粟百五十石，除十一之税十五石，余百三十五石。”宁可先生曾对这组数据进行了详细的分析和估算，得到的结论是：汉代粮食单产约在每市亩 140 斤左右，汉代农业劳动生产率为每个农业劳动力平均年产粮（以粟计）2000 斤左右，一家在 4000 斤左右。与西欧中世纪相比，“以英国为例，多数农户占有耕地 15 英亩（90 市亩），少数占有 30 英亩（180 市亩），为汉代每户农民占有耕地的 3 倍到 6 倍多。耕作一般实行三田制，……每英亩收获量一般年成在八蒲式

① 郑学檬：《中国赋役制度史》，上海：上海人民出版社，2000 年，第 273 页。

耳左右，合每市亩70市斤左右，仅当汉代平均亩产的一半，……如果从播种量看，当时一般收获量最低是播种量的一倍半到两倍，一般是三四倍，最好的年成也不过六倍，至于我国，从云梦秦简的材料看，收获量至少为播种量的十倍或十几倍，而据《氾胜之书》《齐民要术》记载则已达几十倍乃至上百倍”。[①] 由此可知，中国传统农业所达到的经济水准是令人叹为观止的。中华文明曾经长期领先于世界，创造了许多世所罕见的辉煌，精耕细作的农业可谓功不可没。

然而，农业既然是封建国家赖以生存的经济基础，历代统治者将农业作为“治国之要”，“农为邦本”的意识也极其之强，重农抑商的政策便在这样的环境下长期延续着。农业在受到特别照顾的同时，也承担了封建国家的全部重负。“赋重而无等，役烦而无艺，有司之威不可向迩，吏胥之奸不可致诘……弱民苦于仅有之田而害不能去……迫于焚溺，自乐输其田于豪民，而若代为之受病”，[②] 王夫之在《读通鉴论·宋论》中的这段描述说明赋税的沉重已使农民到了“以有田为累”的地步。到了明清，这一类的议论更是比比皆是，“由是人惩其累，皆不肯置田”“顾视田以为陷阱”“受田者以田为仇”“漕重役繁，弱者以田契送豪家，犹惧其不纳”等。由此可见，精耕细作的小农经济尽管有较高的生产水平，能给社会提供一个较高的余额，但封建统治者总是用租税等各种方式，从农民那里拿走比农民能够提供的还要多得多的剩余，使得农民始终处于贫困状态。

反观中世纪西欧的农民，13世纪，英国一个中等农户的农产品商品率就达到50%；一个佃户的地租定额往往长达200年或250年不变；地租仅占收获物价值的1/5、1/6甚至1/18；16世纪，英国一般农户每年大约生产5000公斤粮食，平均每个佃户可以拿出1600公斤以上的谷物进入市场流通。[③] 可见，中世纪西欧的农民普遍相对富足，农民是当时市场

① 宁可：《有关汉代农业生产的几个数字》，《北京师范学院学报》1980年第3期。
② 王夫之：《读通鉴论》，北京：中华书局，2013年，第368页。
③ 侯建新：《社会转型时期的西欧与中国》，北京：高等教育出版社，2005年，第45—46页。

中举足轻重的力量，而“资本积累的纪录，主要不是来自海外掠夺，也不是圈地运动中对农民的掠夺，而是取决于生产者个体的生产、消费、生育与积累的状况，取决于农业劳动生产率”，[①]换言之，个体农民物质力量和精神力量的普遍发展是西欧社会走向资本主义的基石。由此可见，农业在不同的社会环境中发展的状况可谓大相径庭。

将以上“学术”的内容对应历史学科的核心素养，我们可以发现，史料中对古代农业发展水平的描述及学者根据不同史料论证农业发展水平的过程就是史料实证的过程；农业经济发达却难以引发中国自身主动实现向现代化的变革，分析产生这一现象的原因，并找到国家赋役和重农抑商等政策性的症结就是历史解释；认识历史上的小农经济，不只牵涉到对传统农业的评价，还关联到农业中国在走向现代化过程中对许多现实问题的认识和处理，特别是当学生形成农业经济的历史效应不只取决于它产生的内环境，还要受制于它的外部环境是否有利的认识时，历史的价值观念自然形成。而在史料实证的过程中，无疑需要通过对具体时空状态中的农业进行分析，在历史解释的过程中，必定会应用到农业自身发展的客观经济规律，因此时空观念与唯物史观已蕴含其中。在历史教学中，通过灵活运用学术成果设计情境，引导学生探究历史真相，总结历史规律，体会历史价值，这是历史研究的过程，也是核心素养落实的过程。

（二）概念的深化

学术情境的建构离不开与历史课程资源的整合，中学历史教学可利用的课程资源种类繁多，图书馆、博物馆、网络等都可以为教学提供丰富的资源，但最根本的课程资源依旧是课标和教材。历史教学不是简单的重复教材，而是依据课标的精神，以学术的高度对教材内容进行深度挖掘，将会极大地提高学术情境的质量。

依旧以农业为例，在古代社会的生产条件中，能够影响农业生产力的因素无外乎耕地、农作物品种、劳动工具和劳动力自身。这其中，耕

① 侯建新：《社会转型时期的西欧与中国》，北京：高等教育出版社，2005 年，第 34 页。

地和农作物品种是相对固定的，而劳动工具的进化是个极其漫长的过程，因此这三个因素可以看作是一种“恒量”，那么唯一最具有弹性和变数的就是劳动力自身了。劳动者是否具有主动性和创造性，是否善于经营管理将直接关系到农业经济的效益。小农经济以家庭为单位、生产资料个体所有制为基础，这就决定了它的分散性，分散性虽然使小农在自然灾害和市场竞争中处于弱势，但这种弱势也必然会让小农在农业生产创造的过程中不断完善自身。孙达人先生将中国农民的特点归纳为：第一，具有极强的家庭观念；第二，具有极强的刻苦耐劳、勤俭节约的精神；第三，具有极强的经验理性精神；第四，具有一个简单的男耕女织的经济结构。

为何将极强的家庭观念放在首位呢？因为受生产水平的制约，家庭起初不过是婚姻单位，后来也只是生活的基本单位，可精耕细作使家庭同时变成了生产的基本单位，按血缘组成的小家庭成为同日常生活、生产劳动和物质分配紧密联系的全能的社会实体。在这里，既不需要像“千耦其耘”的“公作”制下那样，需要复杂的社会组织和劳动纪律，也不用像希腊奴隶制或中世纪西欧农奴制那样，需要严格的强制。正因为个人利益与家庭利益紧密地联系在一起，家庭的兴衰荣辱就是个人的兴衰荣辱，家庭就是个人的一切，从而使农民具有强烈的家庭观念，以至达到“死其处而无二虑”。比起从前“公作”制下的共同体，这种一夫一妻分散的小家庭确实很简单，组建的必要条件与其说是犁锄织机，不如说是从日常生活中父母那里耳濡目染养成的社会经验和生产技能。这样的家庭共同体在当时的生产力条件下就成为最有效率、最易于普及的利器，商鞅变法之所以要“民有二男以上不分异者倍其赋”的道理就在于此。[①]

从另一个角度来看，传统的农业为栽培农业，需要少数人长期精心的维护保养，因此家庭型的个体小生产是最合适的一种经营方式。当以家庭为生产单位时，一家一户的个体是最大也是最小的生产单元，而家庭又是最基本的人口自然单元，物质再生产和人类自身的再生产合二为一，

① 参见孙达人：《中国农民史论纲》，《史学理论研究》1993 年第 1 期。

使得这种生产结构简单，具有顽强的自生产、自组织的再生机制。这种简单不过的生产结构虽然脆弱，经不起风吹雨打，如经济兼并、政治动乱、自然灾害，但被破坏了极容易复活再生，又非常顽强，哪怕是农民战争前后为数不少的个体小农遭到毁灭，他们也能在原地或异乡僻壤重建起简单再生产机制，恢复基本的生产活动。

小农经济顽强的再生机制所造成的重大影响便是传统农业经济的水平位移，即导致经济活动面的扩展和多元经济中心的形成。中国传统社会的经济重心在黄河中下游的中原地区，后来长江流域、珠江流域相继开发。据梁方仲《中国历代户口、田地、田赋统计》有关数据计算，江淮以南地区的户数，东汉比西汉增长了113%，唐代已跃居全国总户数的54.94%，明洪武十四年已占全国户数的78%。因此，即便北方地区因为政治动乱、生态变化而使经济衰退，南方的发展也会使整个传统农业保持上升的趋势。

总之，小农经济维系其生产结构简单，具有人们难以想象的顽强再生机制，这种优点和长处，使中国传统社会在比欧洲中世纪频繁得多的政治动荡中，依旧能够保持历史和文明的连续性，不至于如一些亚非和欧洲国家般出现昙花一现的情况。①

（三）情境的运用

众所周知，历史学和历史教学是两个不同的领域，历史学研究的主要任务是“如何揭露历史的真相，使自己的认识符合或贴近客观史实，并且怎样去解释史实”，而历史教学的任务是历史教师“如何运用史学研究成果来影响学生的认知、情感和思维，完成基础教育阶段培育学生公民素养的任务”。② 从这个角度看，历史教学是建立在历史学的基础上的，“历史学和历史教育在学科能力的培养上具有内在的关联性，其认识历史的方式对历史教育具有借鉴意义”，③ 所以学术情境的价值一定蕴含在

① 参见王家范：《中国历史通论》，上海：华东师范大学出版社，2000年，第174—175页。
② 陈志刚：《历史课程论》，长春：长春出版社，2012年，第118页。
③ 石晓健：《高中历史学术性课堂建构的理念与实践研究》，苏州大学硕士论文，2014年，第30页。

课堂教学的实践中。在这个过程中，促进学术研究成果向中学教学下移，对推动课堂教学转型，增强历史教学的学术性有至关重要的作用。

如何才能将学术研究的成果真正在课堂教学实践中呈现呢？依旧以中国古代农业的发展为例，中学教材虽然介绍了精耕细作的农业技术，但描述的都是历史的概貌，如果在课堂教学中也如教材一般将每个时期的内容全部介绍一遍，无疑会是一本流水账。因此，教学中我们可以选择一个“点”，从一个具体的历史现象入手，然后引导学生从这一具体的现象出发，去反思整个历史，由局部到整体，由形象到抽象，在这样的过程中，学生的历史思维才能在史实的探究中形成。

【案例一】

谈古代的小农经济，最核心的问题绕不开对小农经济特点的理解。教材中对小农经济的特点已经做了结论式的总结，可是如何让学生真正理解小农经济的内涵和在封建社会所起的作用，还需要教师对这些特点进行深度解构。本着由易到难的原则，教师可以先提供如下材料。

夫田野山谷之氓，止知蚕而衣，耕而食，生梗畏怯，有自少至老，足不履市门，目不识官府者。

——摘编自李焘《续资治通鉴长编》

短短一句话，小农经济男耕女织、自给自足、封闭保守的特点已跃然纸上。那么，小农经济的这些特点使得它在封建社会的发展中处于什么境况呢？教师可以提供以下材料：

武帝末年，悔征伐之事，乃封丞相为富民侯，下诏曰：“方今之务，在于力农。”以赵过为搜粟都尉。过能为代田，一亩三圳。岁代处，故曰代田。……用耦犁，二牛三人。一岁之收常过缦田亩一斛以上，善者倍之。……过试以离宫卒田其宫土需地，课得谷，皆多其旁田亩一斛以上。……至昭帝时，流民稍还，田野益辟，颇有蓄积。

——摘编自《汉书·食货志上》

这段材料来自《汉书》。通过阅读材料学生可以发现，在汉代，农业的生产技术是有进步的，如出现了代田法、耦犁。汉武帝时，搜粟都尉赵过发明了代田法，此法是在地里开沟作垄，使沟垄相间，每年作物在沟垄里轮作，既有效地保持了地力，又可防风抗旱。而其另一发明耦犁，增加了犁壁，使得深耕、翻土、培垄一次性进行，可以耕出代田法所要求的深一尺、宽一尺的犁沟，大大提高了耕田的效率。由此，农业生产得到相当长足的发展，典型表现即为粮食产量的增加和耕地面积的扩大。与前段材料所描述的特点对照来看，小农经济看似保守落后，可在封建社会的发展历程中，其精耕细作的技术是有所进步的，生产力也是在不断提高的。基于此，学生可以得出一个初步的结论：男耕女织与自给自足并不妨碍小农经济自身的发展。同样，中国古代文明的辉煌若没有小农经济这一经济基础的支撑是不可想象的。那么，小农经济在封建社会真的能获得长足发展吗？教师可以指导学生接着思考。

窃为四民之中，惟农最苦。农夫寒耕热耘，沾体涂足，戴星而作，戴星而息。蚕妇育蚕治茧，绩麻纺纬，缕缕而积之，寸寸而成之。其勤极矣。又水旱霜雹蝗，间为之灾。幸而收成……谷未离场，帛未下机，已非己有矣。农夫蚕妇所食者糠粃而不足，所衣者绨褐而不完。直以世服田亩，不知舍此之外有何可生之路耳。

——摘编自司马光《温国文正公文集》

材料读至这儿，学生可能会产生一个疑问：上段材料不是说精耕细作的技术有所发展吗？司马光为何还认为“四民”之中最苦的是农民呢？其实这是一个理解误区，精耕细作强调的是通过技术革新以达到提高单位亩产的目的，但在真正实现农业机械化以前，传统生产技术的革新和生产工具的进步并没有质的飞跃，不可能替代农业生产劳动本身的艰辛，更何况农民还要面对自然灾害和沉重的国家赋税，所以“谷未离场”“已非已有”，司马光说“惟农最苦”则说出了非常客观的情况。然而更重要的问题在于，即便如此，农民依旧“世服田亩”“不知舍此之外有何可生之路”。那么，究竟还有什么原因使农业发展受阻呢？问题思考到这儿，学生自然会考虑到经济自身规律之外的因素，那就是重农抑商的政策。教师可以不失时机地分析重农抑商政策对农业的影响，农业在受到特别照顾的同时，也承担了封建国家的全部重负。更为重要的是，重农抑商政策出于富国强兵的“国家主义”需要，将保护小农经济和抑制商品经济相结合，一方面使工商业的利润转化成实际上的税收，作为政府的行政支出和皇帝、官僚的奢侈消费，另一方面使社会生产的剩余无法用来扩大生产，阻断了两者之间良性互动和改善各自处境的通道，这既伤害了小农经济，又扼杀了民间工商业。为了加深学生的理解，教师可以再补充一段材料：

在传统时代，所谓农业生产结构，其主要生产要素可归纳为四项（1）耕地，（2）作物，（3）农具，（4）劳力。……农业负担过重，这是一个比起小农经济的生产结构不符合现代要求更为严重，更为致命的病症。……中国的传统农业，无论从其现实的经济效益，还是潜在的发展可能，它自身不是不能转变，而是其“自转变”的通道，受到来自帝国政治、经济体制的阻扼，被堵塞以致堵死。……农业经济效果、历史效应，不只取决于它生产的内环境，还要受制于它的外部环境的有利与否。对传统中国而言，后者更是致命性的障碍。

——摘编自王家范《中国历史通论》

通过这段论述，学生可以清楚地认识到封建社会中小农经济面临的困境及中国社会转型困难的根源。从小农经济的基本特点出发，一方面让学生清楚小农经济自身发展的可能性，一方面又让学生认识到帝国政治和经济体制对小农经济发展的阻碍作用。这样的教学过程，依托于基本史实，成就于思维提升，学生自然能够理解教材中关于小农经济“精耕细作不断发展”与“落后脆弱”这样看似矛盾的论述。

【案例二】

除了小农经济的特点之外，古代农业还有一个独具价值的元素值得学术探究，那就是农民。面对来自政治的层层阻碍，农民是安于现状随波逐流，还是另辟蹊径寻找出路？封建社会的后半期有没有出现一些新的经济现象让社会风貌为之一变？从历史思维的连续性来看，对这些问题的探究将会极大地拓展学生思维的广度和深度。

在中国传统的农业社会中，个体小农最基本的生存需求物品都是靠其家庭内部的自然分工自行生产解决的，其生产的目的是把实现消费自给和应付租税放在首位，用于商品交换的数量微乎其微。乡村落后闭塞，商品经济不发达，可是，“农业是整个古代世界的决定性生产部门”，农业不仅提供了养活工商业人口的粮食，而且为手工业提供了原材料，为商业提供商品，从这个视角来看，农业本身就是工商业经济体系中的重要组成部分，农业经济的结构性变化或者说商品化也一定是历史的必然。

小农的生产是为了生存，收益与成本是密切相连的，在不利于粮食生产的自然条件面前，农民的收入可能远远抵不上成本，而“趋利避害、避难就易，是一切正常人的行为准则。小农经济也许拙于成本核算，多数农民也不具备商人式的精明，但比较利益毕竟是个显而易见的现实利益，农民并非个个都冥顽鲁钝”，[①] 于是农民为追求相对高额的收益而从事商业性的农业经营就不足为奇了。

为了便于分析，我们可以选取宋代作为典型时期，理由很简单，“中国历代农业单产增长幅度最大在两宋。中国古代农村面貌的显著变化，开始在两宋，明清只是在此基础上稍有发展，正是由于小农经济的强大推动力，商品经济才别开生面，出现了前所未有的许多新气象”。[②] 因此，宋代的农业发展处于一个承前启后的转型时期，最具有代表性。中国封建时代，士、农、工、商作为社会的主要成员，其各自的职业是固定的，身份是凝滞的，界限是分明的，士农工商“各安其性，不得相干”。可是到了宋代，事情发生了变化：

今之农与古之农异。秋成之时，百逋丛身，解偿之余，储积无几，往往负贩佣工以谋朝夕之赢者，比比皆是也。

——摘编自王柏《鲁斋集》

① 李晓：《宋代工商业经济与政府干预研究》，北京：中国青年出版社，2000 年，第 49 页。
② 王家范：《中国历史通论》，上海：华东师范大学出版社，2000 年，第 188 页。

农民居然可以“负贩佣工”，并且还“比比皆是”，原因何在呢？学生看到这样的现象肯定会产生疑问。材料中似乎给出了答案，“秋成之时，百逋丛身，解偿之余，储积无几”，农民为什么在“秋成之时”就“储积无几”呢？教师可以进一步提供材料引发学生的思考：

今农夫五口之家……春耕，夏耘，秋获，冬藏，伐薪樵，治官府，给徭役；春不得避风尘，夏不得避暑热，秋不得避阴雨，冬不得避寒冻……勤苦如此，尚复被水旱之灾，急政暴虐，赋敛不时，朝令而暮改。……有者，半贾而卖；无者，取倍称之息；于是有卖田宅，鬻子孙，以偿债者矣！

——摘编自晁错《论贵粟疏》

显然，自产生以来，小农经济的负担就非常沉重，不但要面对自然灾害的威胁，还要遭受来自官府和地主的层层盘剥，农民处境堪怜。可是，宋代是商品货币经济激荡的时代，逐利求富的价值观一定会对社会各个阶层都形成前所未有的冲击。农民尽管卑微，但大多数人不会甘心年复一年地在贫困中煎熬，因此他们一定会在改善耕作技术的基础上改善种植结构，大力开展面向市场的经济作物生产，并且在农作之余从事各种形式的兼业劳动，向自己要效益。基于此，教师可以再向学生提供材料：

凡人情莫不欲富，至于农人、商贾、百工之家，莫不昼夜营度，以求其利。

——摘编自蔡襄《蔡忠惠集》

由此可见，小农也不缺乏变革创新的精神。当商品货币经济渗透进农民的生产生活之中，原先自给自足的生产模式就被打破了，农民可以向市场提供更丰富多样的商品，也能比从前更多地从市场上购买商品，这不仅增加了社会流通商品的数量和种类，也扩大了商品的消费，同时还使“兼业”的农民成为工商业经营中的成员。宋代工商业经济的空前发展与农民的积极参与是分不开的。那么，宋代出现的这种飞跃是否会给整个社会带来质的变化呢？

农民的兼业从一开始就是与维持他们最基本的生存条件联系在一起的，个体小农靠增加劳动力投入兼营工商以弥补土地收益的不足，在一个极低的水平上实现其收支平衡，虽然打破了单个小农家庭的自给自足，却使这种自给自足扩展到了较大的经济范围之内。

——摘编自李晓《宋代工商业经济与政府干预研究》

提供这段材料是为了给学生一个进一步思考的方向和依据。小农“兼业”这一新的社会现象是否引起了中国社会的质变，学生结合明清的历史就可以做出判断。但问题的关键是，为什么不能引起整个社会质的变化，除了社会制度的阻碍这一已有的认知，学生是很难从经济自身因素分析透彻的。因此，教师可以利用这段材料的结论，结合小农自给自足的特性来启发学生深入探究。小农在通过“兼业”的方式推动商品货币经济发展的同时，也成为工商业经济进一步向纵深发展的过程中难以逾越的一道障碍。因为这样的生产经营模式不仅增加了商品生产的分散性，也减少了人们对纺织品、农具等一般手工业品的市场需求，而且生产出大量同类手工业品，对专业化、技术化生产构成了顽强的抵制。

论述至此，我们可以发现这样的课堂已然摆脱了教材内容的羁绊，不再是单纯地记忆小农经济精耕细作和男耕女织的典型特点，而是从小农自身发生的转变入手，将小农经济置于纵向的历史时空中进行观察，既向前追溯小农贫困问题的由来，又往后探索小农不能促进社会质变的缘由，真正实现用教材教而不是教教材。基于教材，源于学术，这样的情境才是用历史的方法促进批判性思维与学科素养成长和发展。

第二节　问题情境

一、情境目标

美国学者布朗和基利说，学会提问是培养批判性思维的第一步。爱因斯坦在总结自己的成功经验时也说：“提出一个问题往往比解决一个问题更为重要。”可见，创设具有批判性的问题情境，是课堂教学中训练批判性思维的重要途径。

历史教学中从来就不缺问题，缺的是有价值的问题。赵亚夫认为，就教学内容而言，一个好的问题能够唤起学生的好奇心，并刺激他们的思维向多个方向发散，并使大脑用新的方法重新建构知识。因此，优秀的教师都重视提问，以激发学生的想象力，刺激学生的思维，鼓励学生的行动。[①] 问题设计中多使用一些具有“批判性”意味的行为目标动词，目的是借助知识的载体使批判性思维技能训练得到落实。例如辩护（Defending）、分析（Analyzing）、比较（Comparison）、解释（Explain）、识别（Identify）、概述（Summarizing）、评价（Assessing）等。这些行为动词与批判性思考基本活动有关的调查、解释和判断有着密不可分的联系。[②] 教学中，通过有效提问和对话能够不断完善自己表达上的明确性、证据与理由的可靠性、观点的合理性、思考的内容是否合乎实际等。由此可见，作为历史教师教学依据的教科书，其中的问题设置能否恰当运用提问策略对培养学生的批判性思维具有重要的影响。[③] 所以，问题情境就是依据学科内部知识，通过外部问题引起学生强烈的思考动机和最佳的思维定向的一种情境。

二、设计原则

（一）严谨性

历史不仅是一门学科，更是一门科学。作为一门阐释人类历史进程及其规律的学科，历史学有其论证的系统方法和认知规律。无论是史实的确认还是史事的理解，都离不开严谨科学的史料，中学历史教学中利用史料设计问题情境，首先要遵循严谨性的原则，在类似的史料中亦要选择最具代表性的。例如，在讲解两税法时，我们可以选用一段叙述两税法内容的史料帮助学生形成直观的印象，可是叙述两税法具体内容的史料并非一种，教学中该如何选择呢?

---

① 赵亚夫：《批判性思维决定历史教学的质量》，《课程·教材·教法》2013 年第 2 期。

② 李善良：《怎样培养学生的批判性思维能力——美国中小学教材考察报告》，《教育科学研究》2012 年第 3 期。

③ 钟启泉：《批判性思维及其教学》，《全球教育展望》2002 年第 1 期。

两税法是唐德宗建中元年二月由宰相杨炎奏请实行的，教学中若引用杨炎的奏章内容应该最为直接且最具真实性，但出于科学严谨的考虑，大臣奏章上建议的内容与实际执行的内容往往并非一致，关于两税法的综合史料，郑学檬先生说“除《册府元龟》卷四八八所载外，似以《唐会要》为善；关于《定两税诏》的文字，除《全唐文》卷五〇《定两税诏》外，以《旧唐书·食货志》为善，故予采用。《旧唐书·杨炎传》所载文字因系杨之奏疏而非诏令，尽管早出，仍不采用”，[①] 其治学之严谨可见一斑。因此，情境设置中，我们也要秉持科学的态度谨慎地选取史料，切不可为迎合情境博取眼球而随意加工改造。

（二）有效性

顾明远在《教育大辞典》中将情境教学定义为“创设含有真实事件或真实问题的情境，让学生在探究事件或解决问题的过程中自主地理解知识、建构意义”。[②] 一个真实有效的情境首先要是一个有助于成功解决教学实际问题的情境，它要能激发学生的参与热情，引起学生思考，并让学生在不断思考中真正理解相关的历史概念。

例如，在讲解租庸调制的基础——均田制时，学生会阅读到《唐六典》中关于均田制的规定：“凡天下之田，五尺为步，二百有四十步为亩，亩百为顷。度其肥瘠宽狭，以居其人。凡给田之制有差：丁男、中男以一顷；老男、笃疾、废疾以四十亩；寡妻妾以三十亩，若为户者则减丁之半。”[③] 从唐代均田制的内容可以看出，政府是按照劳动能力对丁男和鳏寡孤独之类的家庭进行了分类，并授予相应的土地，以尽地力之效。然而，在土地兼并的封建社会中，丁男真的能受田百亩吗？安史之乱后，均田制立刻瓦解了吗？解决这一疑问，只需选取具有针对性的史料就可以让学生一目了然，如下表：

① 郑学檬：《中国赋役制度史》，上海：上海人民出版社，2000 年，第 270 页。
② 顾明远：《教育大辞典（上）》，上海：上海教育出版社，1999 年，第 263 页。
③ 李林甫等：《唐六典》卷三《户部尚书》，北京：中华书局，1992 年，第 74—75 页。

表 3-1[①] 敦煌地区受田户统计表（部分）

户主名	已受田（亩）	丁数（丁）
张玄均	75 亩	2.3 丁
赵玄义	11 亩	0.5 丁
赵玄表	30 亩	1 丁
曹仁备	63 亩	1 丁
杨法子	15 亩	1.3 丁
余善意	28 亩	1.5 丁
程大忠	82 亩	1 丁
程大庆	68 亩	1 丁
令狐朝俊	38 亩	1.3 丁
……	……	……
平均每丁已受田数 35.77 亩		

此表数据是依中国科学院历史研究所编的敦煌资料第一辑收入的户籍残卷中受田户统计而成，其统计时间为唐玄宗圣历至代宗大历年间。从表中可以看出平均每丁已受田 35.77 亩，从学术研究来看这一数据肯定还不够精确，也不能反映各地区的平均水平，但在教学中使用足以证明授田不足百亩的现象是存在的，也能证明安史之乱后均田制并未立刻瓦解，这些都可以帮助学生更有效地理解租庸调制下唐代的经济状况。

三、情境示例

历史教学中一个极易引发理解障碍的因素是认知矛盾。认知矛盾有很多类型，比如新旧知识之间的矛盾、日常概念和学术概念的矛盾、直觉常识和客观史实的矛盾等。学生单纯面对一个概念时并不存在理解障碍，然而将这个概念放置于一个情境中，往往就会出现指鹿为马的误判和推理，我们将其斥为“想当然”，这种现象就与认知矛盾高度相关。问题情境可以有效地解决学生的认知矛盾，通过问题情境的呈现，师生共同分析研究，克服思维定式。例如，在探讨租庸调制下唐代农业经济发展状况时，教师可以抛锚观点，引出问题情境：

① 韩国磐：《唐天宝时农民生活之一瞥——敦煌吐鲁番资料阅读札记之一》，《厦门大学学报》（社会科学版）1963 年第 4 期。

……农民家中，耕地是由唐政府分配的，只要交纳租庸调和地税户税，即交纳总收成的五分之一略少一些，其余勉强供食用和衣着的一半，还有将近一半的衣着费用，以及日用工具如炊具、农具以及养生送死等费用还无着落，唯有省吃俭用，勉强维持生活。假使家中发生较大事故如死掉耕牛，或者遇到灾荒，特别是各种额外的封建剥削，那就免不了剔屋卖田，卖妻鬻子，以至家道悉破，逃散四方了。[①]

上述观点是韩国磐先生根据敦煌吐鲁番出土资料提供的数据，进行分析后得到的结论，他认为即使是在开元、天宝年间，农民仍然生活在入不敷出，随时可能破产逃亡的境地。学生看到这一观点，很容易与已有认知形成矛盾：唐代是一个以农业立国的传统社会，农业必然是国民经济的基础，富强持久的唐帝国怎么会建立在农民“食不果腹、衣不蔽体”的基础上呢？问题由此展开，下面就进入学生查阅资料，讨论学习的环节了，在这个过程中，教师可以引导学生设计问题，想要了解租庸调制下的农业经济和农民生活状况，至少需要知道农户大体上每年收入多少，支出多少，收支可否相抵。学生在此启发下，就会提问：均田制下农民的受田数量实际有多少？粮食收入有多少？副业及其他收入有多少？农民的租庸调赋税支出是多少？日常生活支出又是多少？这样学生就会进入一个连续不断深入思考的过程。在这个过程中，学生分析问题的能力和理性思考的能力都会得到持续有效的训练，所以创设问题情境是解决学生认知矛盾最为有效的途径之一。利用问题还原情境反思历史解释，将更有助于让学生发挥学习主动性，解决教师在历史教学中被动接受历史知识，缺少理性思考而导致理解障碍的问题。

问题情境教学的推进方法很多，抛锚式教学是情境学习理论中一个最常用的教学方法。其思想雏形最早出现于怀海特的《教育的目的》，抛锚式教学的实质是将教学“抛锚”于有意义的问题情境之中，让学生在真

① 韩国磐：《唐天宝时农民生活之一瞥——敦煌吐鲁番资料阅读札记之一》，《厦门大学学报》（社会科学版）1963 年第 4 期。

实的问题情境中主动学习，与同伴讨论合作学习，自主完成识别、提出问题、达成目标的全过程，而不是被动间接地听取教师或书本上的介绍和讲解。[①]“抛锚”的核心要点，就是教师创建问题情境，师生共同解构问题，完成意义建构。

（一）用问题链推进情境

问题链是教师围绕一定的教学主题任务，以学生已有认知水平和知识结构为基础，将学科必备知识与核心素养要求转换为具有层次性、系统性、相互独立却又相互关联的一组问题。在历史教学中，我们常常会发现反映历史事实、历史现象和历史过程的概念，经常包含着大量的不确定性乃至极大的致异性，不同的研究者因为视角不同可能会得出截然相反的历史解释，这些客观上都会增加我们的理解障碍。因此，采用问题链的方式层层推进，激发学生持续性地思考，既可以引起学生的探究欲望，也可以体现问题间的能级增益和学科思维地推进深化，是学生从现有认知水平到最近发展区的“脚手架”。[②]

依旧以唐代的两税法为例。教材在陈述两税法“每户按人丁和资产缴纳户税”，“取消租庸调和一切杂税、杂役”[③]的规定同时，又引用了陆贽“惟以资产为宗，不以丁身为本”的评价作为结论。学生读完后，教师稍加引导就能激发学生产生疑问：既然每户按“人丁”和资产缴纳户税，为什么又说不以人丁为本呢？既然取消租庸调和一切杂税，为何又只是“不以人丁为本”，而不是直接取消丁额呢？每户按人丁和“资产”缴纳户税，其“资产”是否有界定的标准，田产能否算作资产呢？若田产算作资产，那户税和地税的征收标准是否一样呢？问题链由此就产生了。教师在利用教材抛锚，引出问题后，下面就进入学生查阅资料，讨论学习的环节了。在这个过程中，教师可以引导学生设计问题，必要时也可

① 陈秋怡：《情境学习理论文献综述》，《基础教育研究》2016 年第 19 期。

② 胡先锦、胡天保：《基于发展学科核心素养的高中化学教学实践与思考》，《中学化学教学参考》2016 年第 4 期。

③《中外历史纲要（上）》，北京：人民教育出版社，2020 年，第 40 页。

以提供史料帮助学生思考。

两税法对征收对象和物品、定税依据、征纳期限究竟是怎样规定的呢？解决问题的第一步就是回到知识本身：

材料一　建中元年二月，遣黜陟使分行天下，其诏略曰："户无主客，以见居为簿。人无丁中，以贫富为差。行商者，在郡县税三十之一。居人之税，秋、夏两征之。各有不使者，三之。余征赋悉罢，而丁额不废。其田亩之税，率以大历十四年垦数为准。征夏税无过六月，秋税无过十一月。违者进退长吏。令黜陟使各量风土所宜、人户多少均之，定其赋，尚书度支总统焉。"[①]

《全唐文·定两税诏》详细规定了两税法的具体内容。"人无丁中，以贫富为差"说明两税法的征收无需有丁男和中男的差别，户税的主要依据从人丁转向了资产。"其田亩之税，率以大历十四年垦数为准"说明土地是田亩税的征收依据，而田亩又是民户的主要资产，所以地税也是以资产为依据的。根据德宗颁布的诏令内容，学生在阅读后很容易得到上述结论，对两税法的征收依据形成一个初步的认识。

既然户税和地税的征收依据都转向了资产，两税征收也无丁中之别，那为何《定两税诏》中又规定"丁额不废"呢？在对"惟以资产为宗，不以丁身为本"有所理解的基础上，教师可以适当地补充材料，针对概念盲区继续推动学生思考：既以资产为宗，为何不直接取消丁额呢？

材料二　发丁夫数千，杂六军之士，筑奉天城。[②]

诸正丁充夫四十日免（役），七十日免租，百日已上课役俱免。中男充夫满四十日以上，免户内地租。无他税，折户内一丁；无丁，听旁折亲户内丁。[③]

从上文两件事例可以发现，两税法取代租庸调制后，力役并未随"庸"的并省而取消，仍旧是以丁额为依据进行派征。所以，并非一切赋役都以

① 董诰等：《全唐文》卷五〇《定两税诏》，北京：中华书局，1983年影印嘉庆本。

② 司马光：《资治通鉴》卷二二六《唐纪四十二（二）》，北京：商务印书馆，1912年影印宋刊本。

③ 白居易：《白氏六帖事类集》卷二二：征役第七"充夫式"注引"户部式"，转引自郑学檬：《中国赋役制度史》，第333页。

资产为宗了，两税法规定“不以人丁为本”正说明人丁作为一种依据依旧是存在的。思考至此，学生在阅读教材信息后对此概念存在的困惑恐怕已经迎刃而解。在此基础上，教师可以追问：赋役征收标准变化背后隐藏的不变因素是什么？以此引导学生做进一步深入思考，透过现象观察本质，以提升学生知识迁移能力和解决复杂问题的能力。

材料三　按户、按丁征税的制税原则，反映了国家干预土地分配和编制劳动力的强制形式的存在，使田税带有人头税的色彩，表明对农民的超经济强制仍然存在。两税法实施以后，田税逐步向田亩税转变，“据地出税”原则得以完整地体现出来，至宋朝，全面按亩计征。①

中国古代是农业社会，土地税必然是赋税的核心内容。从春秋战国开始，各国的税制改革就将田税与田亩数量、亩产量直接挂钩。秦朝的田税继承春秋战国的田税形式，“据地出税”，并且采用统一的税率。汉朝循此原则而不改，税率虽然有所降低，依据却仍然是土地。曹操颁布租调令，田税的征收由比例税率彻底改为定额税率。从西晋开始，田税名义上按亩、实际按丁征收，北魏在太和八年前，田税是按户征收，太和十年改订租调时，田税仍基于户，隋、唐前期租庸调制下的田税基于丁，称丁税。但需注意的是，西晋、北魏的按户征收田税时期或隋与唐前期的按丁征收田税时期，其前提是分别实行占田制、均田制。所以，按户、按丁计租均与田亩数量、亩产量有关，实际上未离开“据地出税”的原则。所以，两税法的实行是让“据地出税”的原则得以完整体现，土地作为一种资产从来都是征税的重要依据。

（二）问题情境中体现的思维过程

抛锚式教学方法中的问题链设计，就是让学生在问题引领下学习，从阅读史料理解概念入手，进而完成判断、推理和论证的过程，最终进行认知结构的意义建构，这一思维过程可以表述为置疑—论证—求解—验证—建构，其实践过程可表示为：

① 郑学檬：《中国赋役制度史》，上海：上海人民出版社，2000 年，第 2 页。

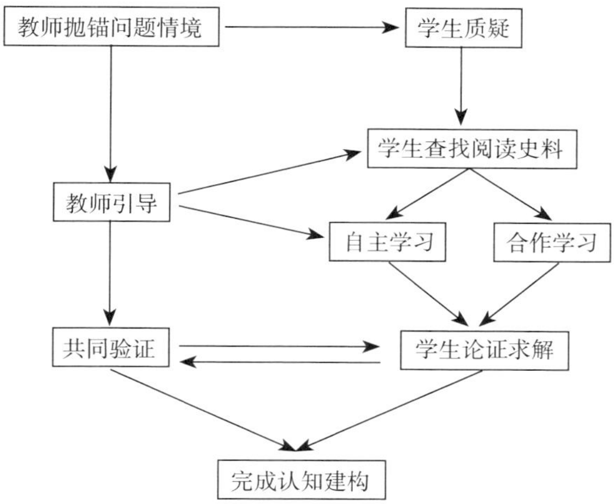

图 3-2 问题情境教学实践策略图

在中学历史教学中，质疑是问题情境设置中引发的核心精神之一。质疑，即学生在教师的引导下对教材文本或其他的史料文本进行思考并提出问题。它包含两个步骤：一是，学生提出问题。问题的提出可以针对史实，也可以针对学者对史实做出的历史解释，也可以针对从史实到史论的逻辑关系……；二是，师生编排问题。可尝试的做法有这么几种：按史料的要素或思路给问题分类；按问题的内在逻辑或易难程度给问题排序；将宏观的问题分解成几个具体的问题；等等。

论证，即学生对史料进行思维认知，包括收集资料和信息、建立假说、进行社会调查的能力、进行科学思维的能力等。思维认知阶段需要具备的能力包括形象思维、逻辑思维、辩证思维、跨学科思维、创新思维，以及抽象概括能力、空间想象能力等。这些能力是指将历史问题分解为若干部分进行研究、认识的技能和本领。当然，在论证问题的过程中，还应要求学生能够运用辩证唯物主义和历史唯物主义方法分析历史事物，运用历史思维分析历史事物，并规范地阐述历史事物。

在质疑—论证的教学过程中，教师可能会面对三个难题：一是如何引导学生提出有质量的问题，二是如何处置学生的问题，三是如何帮助学生求解并验证结论。

关于引导学生提问：教师引导学生提问的第一步是提供给学生或帮助学生获得足够充分多样的史料，因为只有学生掌握足够丰富的史料才可以进行全面的阅读，判断信息的重要程度、真伪情况，并在此基础上全面客观地收集信息，运用概括、归纳和演绎等方法对史料素材所提供信息进行提炼和整理。在解读信息的过程中，学生自然会捕捉史料的疑点特征：一是于不理解处质疑，二是于不寻常处质疑，三是于不一致处质疑，四是于不认同处质疑。

关于处置学生的问题：教学中比较有效率的做法是让学生把所有的问题提出，分类排序，然后再讨论探究。历史问题往往由不同要素和不同层次的多个方面构成，为了深刻认识问题本质，可以将各个要素、层次在思维中暂时分割开来进行考察研究，搞清每个部分的性质、各部分之间的相互联系以及部分与整体之间的关系。借助分析能力，可以实现对问题由浅入深、由易到难的认识，从而把握历史问题的本质。

关于问题求解和验证评判：问题的意义不仅在于结论，更在于对问题的探索过程和求解思路。思路是否合理是评判学生结论是否正确的核心标准。历史学科中的实践操作需要具备的能力包括史料探究、语言表达、数据处理、信息转换、组合应用、推理论证等。教师要尽可能地训练学生掌握这些实践操作技能，并通过这些实践操作，最终达到让学生综合运用历史知识与方法解决问题和独立建构历史观点的目标。

大量的教学实践告诉我们，掌握历史知识并不会让我们具备历史学科的素养，历史学科的素养来自掌握历史分析技能，而这种技能通过质疑—论证—求解—验证—建构的流程就可以得到有效的提升。

第三节　真实情境

一、情境目标

所谓真实情境，就是在现实中真实存在或存在过的情境。真实情境可以是对历史人物或场景的还原，也可以指向生活情境和社会情境。生活情境侧重于在现实生活中遇到的与历史有关的问题，包括长辈的回忆、影视剧、名胜古迹中的问题等。[①] 生活情境的设置旨在贴近真实生活，拉近学生与历史学习的距离，引导学生运用历史思维和历史方法诠释生活中发生的事情。社会情境则侧重于对社会问题的历史考察，包括社会风俗的来源、国际争端中的历史背景等。[②] 它旨在引导学生关注国际、国内重大事件，并学会用历史的智慧分析国际关系和国内社会热点背后的原因。

二、设计原则

（一）真实性

真实情境首先是真实存在或真实存在过的，因此真实地还原历史是设计真实情境的第一原则。我们去探究一个历史现象时往往会发现学生在学习中只识表象而忽略问题实质。其实不是孩子们不会思考，而是在历史课堂中，我们的教学经常会变得抽象化、扁平化，这与我们教材的陈述方式及课堂教学模式高度相关。古人云："学起于思。"反思是认知历史形成价值判断的重要源泉，教师讲述了太多结论就会让学生忽略思考结论的由来。教学中不去真实地接触细节就进行分析，历史就被抽去了血肉。历史应该是生动的、有温度的，越具体的历史越容易引发人的思考，而从认知过程来看，学生最易接受的是"是什么"，然后才会去思考"为什么"和"怎么样"。例如，为保证租庸调的征收，唐政府必须保证授田给农户，不去研究就想象的理想状况是土地围绕村社周围，人不远涉。然而真实的历史是随着人口增长，村落附近土地被授一空后，"隔县给授"的现象必然会出现，"这种授田方式，完全打破了原来封闭的生活状态，形成了土地相互交错的情况；同时，土地在长期的还授中割裂零碎，向

① 徐奉先：《基于高考评价体系的历史科考试内容改革实施路径》，《中国考试》2019年第12期，第63页。

② 徐奉先：《基于高考评价体系的历史科考试内容改革实施路径》，《中国考试》2019年第12期，第64页。

零细化发展”。[1] 面对分在多处、相距遥远、耕作甚为不便的情况，农民怎样应对才能保证赋税的缴纳呢？教师拿出一份实物史料，学生就可以真实地触摸历史。

材料 《唐张小承与某人互佃田地契》[2]

1. [ ][ ] 承匡渠西奇口分常田五亩（后略）

2. [ ][ ] 年十一月廿四日 [ ] 逐隐便将上件地

3. [ ] 酒泉城口分楞渠常田一段五

4. [ ] 家各十年佃。如此后两家

5. [ ] 种，各自收本地。如营种以后

6. [ ] 役，各自祇承，不得遮护。两

7. 共平章，恐人无信，故立此契为记。

8. 数内一亩地子张处直　　　　地主张小承年四十二

9. 边收麦两斛一斗。　　　　保人弟 [ ]

10. 契有两本各执一本。　　　　保人张处直 [ ]

——摘编自唐长孺主编《吐鲁番出土文书》（第十册）

上则材料非常真实地还原了一个民间土地租佃的情境，它反映了唐代农民面对变化的土地形势，在一定数量的土地上寻求家庭最大化的收益，以满足赋税缴纳和家庭用度需要的智慧。所以，利用细节还原历史创设情境，才能让学生产生亲临其境的感受，他们才能依据细节更加理性地思考历史事件的过程和历史人物活动的价值。

（二）生动性

情境学习理论认为“知识是一种活动，而不是一个具体的对象；它总是基于情境的，而不是抽象的；知识是个体在与环境交互过程中建构的，不是客观决定的，也不是主观产生的；知识是交互的一种状态而不是事

① 张安福：《唐代农民家庭经济研究》，首都师范大学博士论文，2006 年，第 69 页。
② 唐长孺主编：《吐鲁番出土文书》（第十册），北京：文物出版社，1981 年，第 303 页。

实”。[①]由此可知，知识将在人与情境的互动中发挥作用，这一理论强调在应用情境中教授知识与技能。因此，教师应提供真实与逼真的境域以反映知识；提供真实与逼真的活动，为理解与经验的互动创造机会。虽然受时空的限制，历史的场景很难被文字完全真实地呈现，但我们也可以利用语言、实物与视觉因素来营造情境，吸引学生积极地参与到情境中来，只有这样才能更好地实现情境教学的预期目标。

以唐中后期农民经济生活为例，两税法放宽了对农民的人身控制，以资产为纳税标准，活跃了农村经济，使农村经济呈现出多样化的趋势，农民的经济生活方式也发生了很大变化。究竟有什么变化呢？我们可以选取以下史料设置真实情境：

尼妙寂，姓叶氏，江州浔阳人也。初嫁任华，浔阳之贾也。父升与华往复长沙、广陵间。唐贞元十一年春，之潭州不复……数年，闻蕲、黄之间有申村，因往焉。流转周星，乃闻其村西北隅有名兰者。默往求佣，辄贱其价。兰喜，召之……兰或农或商，或畜货于武昌，关锁启闭悉委焉。[②]

少壮彼何人，种花荒苑外。不知力田苦，却笑耕耘辈。
当春卖春色，来往经几代。长安甲第多，处处花堪爱。
良金不惜费，竞取园中最。……[③]

上文第一个故事展现了农户申兰“或农或商”的多元经营方式，第二首唐诗描述了农户种花为业的生活状况，两者都呈现了两税法实施后，农村经济出现了商品化的趋势。两段材料分别取自唐代的笔记小说和诗歌，可谓非常生动，但考虑到其性质为文学作品，严谨性不够，我们可以再辅以官修史料进行互证。如“西川税科，旧有青苗，如茄子、姜、芋之类，每亩或七八百文”；[④]“泸州所管五县……地接巴黔，作业多仰于茗茶，

① 陈梅香、连榕：《情境学习理论在教育中的应用》，《当代教育论坛》2005 年第 4 期。
② 牛僧孺：《玄怪录》卷二《尼妙寂》，载《唐五代笔记小说大观》，上海：上海古籍出版社，2000 年，第 360 页。
③ 司马扎：《卖花者》，《全唐诗》卷五九六，北京：中华书局，1999 年，第 6955 页。
④ 王钦若等：《册府元龟》卷四八八《邦计部·赋税》，北京：中华书局，1988 年，第 5837 页。

务本不同于秀麦”；[①]“贞元以后，每岁以进奉顾山紫笋茶，役工三万人，累月方毕”[②]。史料中所述的种植蔬菜、茶叶等经济作物及“役工三万人”的规模化经营无一例外都说明“农村中大量商品性农业的出现、商品交换的发展及大量农民从事手工业及商业活动，是唐代后期农村经济生活中出现的新变化”。[③]

（三）生活性

生活性是真实情境设计中又一个需要关注的原则。如统编教材选择性必修一第 9 课《近代西方的法律与教化》，为了便于学生真实地感受西方法律的特征，教师可以直接引用一些经典案件，营造与历史相关的生活情境，从而引发学生的讨论热情，再辅以问题驱动，引导学生充分地质疑、讨论，从而引出西方法律的相关特点，导入新课。当然，教学实践中，教师也可以通过新闻图片、视频剪辑等素材来增加生活情境的真实性。

当然，并非所有的生活情境都要来自现实，用学生耳熟能详的历史故事一样可以创设生活情境。如讲述统编教材选择性必修一第 8 课《中国古代的法治与教化》时，我们可以创设生活情境：

材料一　甲父乙与丙争言相斗，丙以佩刀刺乙，甲即以杖击丙，误伤乙，甲当何论？

材料二　或曰：“殴父也，当枭首。”论曰：“臣愚以父子至亲也，闻其斗，莫不有怵怅之心，扶杖而救之，非所以欲诟父也。《春秋》之义，许止父病，进药于其父而卒。君子原心，赦而不诛。甲非律所谓殴父，不当坐。”[④]

这个故事是董仲舒《春秋决狱》中的经典案例。教学中教师可以先提供材料一给学生，并提问学生：“你会如何审理这个案件？你判决的理

① 李商隐：《为京兆公乞留泸州刺史洗宗礼状》，《全唐文》卷七七二，北京：中华书局，1983 年，第 8048 页。

② 李吉甫：《元和郡县图志》卷二五《江南道》，北京：中华书局，1983 年，第 606 页。

③ 张安福：《唐代农民家庭经济研究》，首都师范大学博士论文，2006 年，第 100 页。

④《太平御览》第六四〇卷，转引自高山林：《董仲舒春秋决狱案例考》，《研究生法学》2017 年第 6 期。

由是什么？”在学生表达观点以后，教师再提供第二段材料，并继续设问：“董仲舒认定甲无罪的依据是什么？”学生通过情境可知董仲舒是根据“原心定罪”的思想进行判决，即犯罪者的主观动机和法官的道德伦理认知。在判决过程中，董仲舒力图把法律与道德结合起来，“使法律上的无情裁断，涂上富有人情味的伦理道德色彩，从而把适用当时法律的司法活动置于儒家思想的指导之下，进而把儒家思想作为评判一切是非、善恶的标准”。[①] 这种思想直接促进了后世中国法律德主刑辅、外儒内法特点的形成，这样的情境直接切进本课的核心概念——礼法结合，教学的重难点就一下突显到学生面前。

当然，生活情境也可以有其他的方式，但选用恰当的情境素材，突出主题，营造氛围，增进兴趣，都是情境目标达成所必不可少的元素。

三、情境示例

感知是获取知识的重要源泉，还原真实的历史场景可以让学生产生身临其境的感受，从而更加理性地思考历史事件的过程和历史人物的活动。以战争史的教学为例，鸦片战争是中国近代史教学中不可回避的内容，统编教材对鸦片战争过程的描述比较简单，即英军司令懿律率军舰 40 余艘开进广州海口发动侵略战争，清政府组织了抵抗，这场战争以签订中英《南京条约》而结束。这样的叙述过于“纲要”，教学中如果不去研究战争的过程就分析战争的背景和影响，历史就被抽去了血肉，学生就只知结论而不会思考结论从何而来。因此，创设情境还原战争现场无疑更有助于学生思维的提升。

作为中古的清军和近代化的英军正式交手的第一场大战——虎门大战，其过程中体现出的中英之间战略战术思想的不同，极具探讨价值。虎门位于今天广东东莞市，包括长约 8 千米的一段珠江江面及附近两岸地区，因为是广州的门户，所以战略位置至关重要。关天培，江苏淮安人，于 1834 年任广东水师提督，是虎门防御工程建设的总设计师，针对虎门

① 王友才：《董仲舒〈春秋〉决狱案例评析》，《河北学刊》1998 年第 4 期。

的地理形势，他提出了“三重门户”的防御设想，简单而言包括以下内容。

一、沙角、大角炮台定位为发信炮，当发现有敌舰驶入，立刻通知上游各炮台守军，此即第一重门户。二、上横档岛建设为重点防御区域，在东水岸改建威远炮台，加固镇远和横档炮台，安放120位火炮。在西水岸新建永安、巩固炮台，安放60位火炮，此即第二重门户。三、加固32位的大虎炮台，此即第三重门户。三重门户的防御工程在完工后又不断被加固、增建，至1939年鸦片战争爆发前，已经成为清朝最强大的海防要塞。

教学中，针对这段历史，教师创设真实情境的最好办法是以地图为主进行设问，再辅以史料进行分析。

材料一

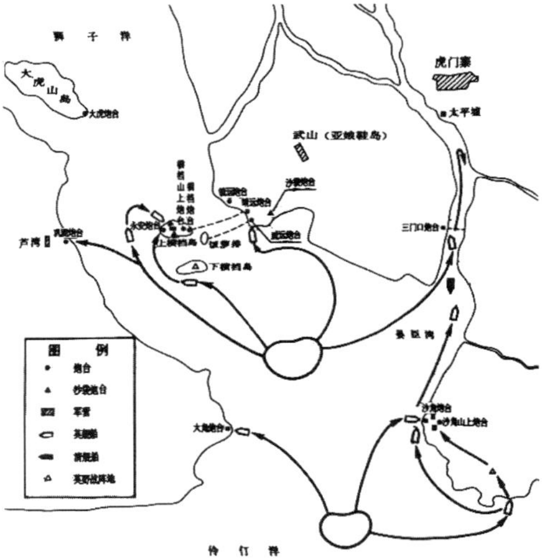

图3-3　虎门防御作战示意图[①]

教师可以用问题将学生带入当时的战争场景，如针对这张示意图设问：如果你是清军统帅该如何作战？你觉得战局会怎样发展？在学生充分表达自己的设想之后，教师再给出关天培的作战章程以供学生思考：

① 茅海建：《天朝的崩溃：鸦片战争再研究》，北京：生活·读书·新知三联书店，2005年，第221页。

材料二

敌舰闯入虎门口端时，沙角、大角守军发现后施放信炮，通知后路；当敌舰驶入横档东水道时，以威远、靖远、镇远、横档四炮台轰击之，敌舰因排链阻挡，必不能蓦然闯过，势得停留多时，正利于清军火炮连番轰击，此时部署在横档后路的清军师船和水中作战兵丁，亦前来配合炮台作战；若敌舰驶入横档西水道，以永安、巩固两炮台轰击之，而清军师船及水中作战兵丁亦前来配合对敌；若敌舰闯过横档一线防御，继续深入，以师船和大虎炮台拒之。[①]

根据材料的描述，学生不难看出，关天培的作战方案实质上是层层堵截，以此达到防止英舰闯过虎门直逼广州的目的。在此，教师可以提问：如果英舰不是急着闯过虎门，而是直接进攻炮台，那么这一作战方案会有什么后果呢？学生经过思考可以得出，清军的炮台必然面对英舰炮火的正面攻击，三重门户就成了三重互不相连、孤立无援的据点。

事实上，英军从第一仗开始采用的就是战舰正面炮击、陆军抄袭背后的战术。教师可以继续提供情景：在沙角战役中，英舰正面炮轰沙角炮台以吸引守军，同时英国武装轮船运送地面部队共 1461 人在炮台后侧的穿鼻湾登陆，向清军山上的临时军营进攻。在野战炮兵的掩护下，登陆英军先后攻克清军在山顶和山谷的军营，从侧后进攻沙角炮台。炮台的守军既要抗受英舰正面凶猛的炮火，又要应对侧后的地面英军，腹背受敌，于是副将陈连升战死，炮台陷落的结局就不足为奇了。

在关天培的设计中，沙角炮台本属信炮台，英舰若不内驶便毫无意义。而在横档岛一线的关天培，距沙角战场仅三四公里之遥，一无所为，眼睁睁地看着手下的部队被英军吃掉，三重门户的设计弊陋可以说是暴露无遗。至横档一线的大战中，清军为防英舰又增设炮台，添兵雇勇，然而当战斗打响时，英军采用了避实击虚的战法，主力没有放在清军防卫较强的东水道，而是放在了防御力量相对薄弱的西水道，在西水道作战的

---

① 茅海建：《天朝的崩溃：鸦片战争再研究》，北京：生活·读书·新知三联书店，2005 年，第 222—223 页。

英舰又与沙角战役一样从背后攻破横档岛上的炮台，即便在东水道作战的英舰也未深入，仅选择个别炮台进行重点攻击，再辅以水兵登陆作战。关天培战前设计的层层阻截战法，在英军惯用的抢占制高点、运用野战炮兵等战术跟前，已无任何战略价值可言。[①]

通过这些真实情景对鸦片战争具体战役地呈现，恐怕已经不需要教师再去总结鸦片战争失败的原因，学生就可以得到结论，一个是中古的清国，一个是近代化的英国，战略战术选择背后的原因差别一目了然。与教科书式的教学相比，细节的展现显然更生动丰富，学生的课堂思维量与参与度也会大大提升。当然，教师可以更进一步，在思维训练的基础上再进行家国情怀价值观的教育。

在中国历史上，从来不乏英雄人物，他们身上所体现的为国尽忠、为民请命的价值理念被千古传诵。关天培就是这样一位在战场上英勇战死的英雄。

材料三

《延龄瑞菊图》跋：道光甲午秋九月，培奉天子命，驰驿来粤，提督海上诸军。当斯时也，培迎养老母吴太夫人在苏松镇署。获闻恩音，即谕培曰："尔年力强壮，正当图报圣恩之时，将来建功立业，遂汝素志，即此足以显亲。汝携眷速赴新任，移忠作孝，不必分心以母为念。"……培忍泪叩辞，只身赴粤。莅位后，惟公务无分巨细，事事尽心，以遵慈训，报慰母怀耳。

上述史料是关天培亲自为画作《延龄瑞菊图》所题的跋文，显然可以真实地反映他的思想。文中清晰地体现出关天培"国事、家事、天下事，事事关心"，并于忠孝不得两全之际"移忠作孝"，尽忠即是尽孝的传统美德。[②] 提供这样的情境可以使学生对这位民族英雄的品质有所了解。然而，史学家茅海建先生却发出了这样的感叹：

① 参考茅海建：《天朝的崩溃：鸦片战争再研究》，北京：生活·读书·新知三联书店，2005 年，第 225—231 页。

② 严丽娟：《关天培的忠孝观——评〈延龄瑞菊图〉跋》，《东南文化》2001 年第 7 期。

材料四

不知道关天培的在天之灵，更希望人们称颂他的英勇，还是希望人们批责他的错误而以免一错再错？[1]

这样的感叹与关天培英雄的品质和身份形成鲜明的对照。清廷上下在称颂他精忠报国的同时，却几乎没有人来反思关天培在战争失败中所负的责任，一切应有的反思、改变都没有发生。在此后的广州、厦门、定海、镇海等战役中，英军一遍遍演练着自己近代化的军事学术，清军则一遍遍重复着关天培的错误，鸦片战争不可避免的一败涂地。

提供这样的情境对照以供学生思考，当然并非诟病关天培本身。作为一个清军将领，战前积极部署，战中英勇抗争并为此付出生命，此间表现出的英雄气概使其民族英雄的称号当之无愧。这样的情境对照，是让学生在学习民族英雄英勇事迹、激发爱国情感的同时，也可以如史学家一般养成一种远距离观察历史的能力，从而更加冷静客观地看待历史。从这个角度来看，增加了批判性思维的家国情怀教育才会显得更加充满理性和睿智。

第四节　学习情境

一、情境目标

学习情境多突出历史学习中遇到的问题，包括史料、图表、历史叙述、史论等问题。[2] 将教材中的知识和史料进行变式或者深挖，以加深学生对教材内容的理解和运用是学习情境设置的主要目的。学习情境指向对知识的掌握，更指向分析、解决问题的能力的发展。一般而言，学习情境往往具有复杂性，它要求学生创造性地运用知识技能和思维方法高质量地

① 茅海建：《天朝的崩溃：鸦片战争再研究》，北京：生活·读书·新知三联书店，2005年，第232页。

② 徐奉先：《基于高考评价体系的历史科考试内容改革实施路径》，《中国考试》2019年第12期，第63页。

认识问题、分析问题和解决问题。因此，学习情境与历史学科测评相关，而历史学科测评中的情境设置往往又是关键能力的重要载体。

二、设计原则

（一）知识性

学习情境直面学生在学习中面对的各种问题，体现知识性就成为学习情境设计的第一要素。无论是课标、教材还是测评，必备知识都是教学的基础，因此学习情境必须包含指向加深必备知识理解的立意。当然，立足于知识的呈现并不是在设计过程中单纯再现教材内容，而是要通过数据、图表、历史解释等元素的呈现，设计一个需要学生分析、比较、概括、推理的复杂情境，它一定是一种基于知识又高于知识，最终又反馈于知识的情境。例如：

古代雅典法律规定：如果公民试图自杀，必须事先提出申请，以获得批准；未经允许的自杀被视为犯罪行为。这反映出在古代雅典

A. 法律体系已达到完备的程度　B. 法律具有尊重生命价值的人文精神

C. 公民个人自由受到严格限制　D. 自杀有违崇尚自然法则的理性精神

此题为新课标全国卷试题，命题人从雅典民主入手考查了学生对雅典民主和罗马法概念的理解，对知识点考察的意图非常明显。如果考生认为民主和自由是密不可分的，自然会将C选项排除，而A选项基本不构成干扰，因此B和D选项就会成为考生考虑的答案。实际上，若雅典法律有尊重生命价值的人文精神，就应禁止和防范所有自杀行为，所以B选项不符合题意。而D选项考查的是罗马法中体现的自然法原则，并非希腊，因此本题的正确选项恰恰是考生容易排除的C选项。

那么，在雅典民主制度下，公民的个人自由会受到限制吗？

在现代社会中，民主与自由是密不可分的两个概念。然而，古典民主不等同于现代民主，政治上的民主不代表一定有个人的自由。英国伦敦经济与政治学院教授戴维·赫尔德在他的著作《民主的模式》中说：“雅典民主的一个标志是对公民美德的普遍认同：为共和城邦做贡献以及将私

人生活置于公共事务和共同善业之下。”这就是说，“在这样的共同体中，公民享有权利和义务，但这些权利并没有分散到个体手中，而义务也不是由一个以维护公民个人利益为目的的国家来推行的。事实上，他们只有公共的权利和义务”。[①] 古代国家并不像近现代国家，对于公民而言，公平的只有参政权，无罪的人，只要认为他妨碍了城邦的利益，国家就可以加以惩罚。陶片放逐法就是其中的典型，只要公民大会投票时在陶片上刻上名字，无需证明此人的过失与罪行，只要票数超过6000，他就会被流放，所有的一切即遭剥夺，雅典有许多大将如阿里斯蒂德都在被放逐之列，如果从现代的民主自由观念来看，这种制度无疑是对个人自由和权利的野蛮践踏。此外，即使是在行使民主权利的过程中，公民在议会中投票、充任官员，也都是在尽他该尽的义务，遇到有争执时，雅典禁止公民保持中立，他必须随一派竞争，“凡不归派、不竞争而中立者，法律予以严厉惩罚，去其公民权”。由此，我们不难看出，雅典政治理想中的平等和自由观念与现代政治思想中的自由主义观是完全不同的。城邦的本质是公民集体，公民积极参政被视为美德，所以城邦与个人是没有严格界分的。而现代西方民主思想中的核心理念本质上认为人类是分散的个体，有不可让与的主体权利和个人自由，在政治生活之外，公民还有着其他的生活领域，公民的政治生活并不比其他的生活更重要、更优先，而且这些生活领域与政治生活孰重孰轻全由公民自己来断定，这与古典民主大相径庭。

政体的民主并不代表个人的自由。雅典国家在不断的发展过程中，制度屡次改变，但个人受国家支配的程度并未减少，公民的一切事物，都必须服从于城邦。对此，法国历史学家菲斯泰尔·德·古郎士列举了很多例子。比如，公民的身体属于国家，有保护国家的义务，雅典规定服兵役的时间是终身。私人生活也不例外，雅典可以禁止工作，禁止妇女旅行携带三件以上的衣袍。“父母不能随意令其子跟从国家指定的教授读书与否，

① [美]戴维·赫尔德著，燕继荣等译：《民主的模式》，北京：中央编译出版社，2008年，第18页。

因儿童不属于父母而属于城邦。”个人也无信仰的权力，他必须信服城邦的宗教，否则即是对国家不敬，会被重罚。因此，“古人不曾知道私人生活自由、教育自由、信仰自由，由此可见，在所谓几乎神权的祖国或国家之下，个人算不了什么。……一谈及邦的利益，则人民生命毫无保障”。[①]因此，雅典民主对城邦的权力没有任何理论的限制，只要是公民大会授权通过的，城邦就可以干预任何私人行为。

（二）实用性

学习情境面对的是历史学习中遇到的实际问题，为了解决这个实际问题将教材中的知识和史料进行变式或者深挖，因此学习情境的设计一定要具有实用性，一定要能够真实有效地解决学生学习中遇到的问题，指向要明确，效果要明显。例如日本的家族伦理制度，家族制度在教材中未被提及，并不是一个学生必须掌握的知识点。但明治维新以来日本几乎所有的成功与失败都与家族制度与家族伦理密切相关，教育改革中的“和魂洋才”与军队中的军国主义无不渗透着家族制度，它使得日本的近代化成为一种不健全的近代化，并最终导致日本走入政治的误区。引入家族制度设置学习情境来分析明治维新在教育和军事等方面的措施，将有助于解决学生在学习明治维新乃至与日本相关的历史中面对的各种问题，具有极大的实用性。因此，在教学中，教师可以充分地运用史料介绍何为家族伦理，如家族伦理制度的内涵可以介绍如下：

国君之于臣民，犹如父母之于子孙，即一国为一家之扩充，一国之国君指挥命令臣民，无异于一家之父母以慈心吩咐子孙，故我天皇陛下对全国呼唤尔臣民，则臣民皆应以子孙对严父慈母之心谨听感佩。[②]

从材料中我们可以看出，当时的日本将天皇与国民的关系比拟为家族父子关系，依靠被神化了的天皇权力，实现天皇对全体国民进行家长

① [法]菲斯泰尔·德·古郎士著，李玄伯译：《希腊罗马古代社会研究》，北京：中国政法大学出版社，2005年，第186页。

② [日]井上哲次郎：《敕语衍义》，载《近代日本思想大系》三一，筑摩书房，1977年，第91页。

式的统治，这就是日本的家族国家观。在此基础上，教师可以讲授家族国家观在教育中的渗透：

子敬感父母乃人情自然地流露，忠孝之大义乃发自此至情……我国以家族制度为基础，举国成一大家族，皇室乃我等宗家，我国民以子对父母之敬爱之情崇敬万世一系之皇位，是以忠孝一致不相分……忠孝一致实乃我国体之特色。[①]

这是日本小学三年级教科书中的宣传，其核心就是利用子敬父母之人间自然感情来作为忠君爱国的基础。小学教育是国民教育的基础，把以忠君爱国为核心的家族国家观作为灵魂的教育，在为日本社会经济发展提供人才的同时，更成为维护天皇专制的工具。在一个看似健全的近代学制的教育躯体内，游荡的却是庞大的“忠孝群体”，有了这支“忠孝群体”作为社会基础，军国主义才有滋生的社会土壤。

1873 年后，明治政府开始实行义务兵役制，采用西式装备，建立现代军队。与此同时，家族国家观也在军队中被全面贯彻：

兵营乃共苦乐，同生死之军人的家庭。各级之上官及兵卒等应各尽其分，营内生活成一大家庭。于融融和乐之间，巩固全队一致团结，士气旺盛勤劳于军务，上下敬爱，缓急相救，有事之日，欣然而起，乐于为国事献身，此实乃日本帝国军队之本领，皇室之藩屏，国家之干城。[②]

通过这段材料，学生可以感受到，日本政权是将军队中的官兵关系模拟为父子兄弟关系，以此来维持军队内部的秩序和军人的服从精神，达到使其乐于为国事献身的目的。近代以来，家族制度地延伸与扩大是导致日本特有的国家主义泛滥成灾的主要原因。明治政府和后来的军国主义政权将传统家族制度引入国家统治中，在一些御用文人和政府的鼓吹和宣传下，一国即一家，君主即父母的家族国家观的理论日益深入人心。

① [日]唐泽富太郎:《教科书的历史——教科书和日本人的形成》，东京：创文社，1980年，第 278 页。

②《军队内务书》，东京：日本文艺社，1962 年，第 4 页。

天皇理所当然地成为日本万民之父，使近代日本政治具有明显的家长制特征。日本的家族制度和家族国家观在政治上助长了天皇专制主义集权统治和法西斯势力的形成，是战前日本军国主义穷兵黩武、疯狂对外侵略的深刻社会根源。

三、情境示例

学习情境中的问题于知识本身有差异性，学生不可能在书本上找到现成的答案，必须通过对学习情境的探索过程，才能真正理解知识的深刻意义。我们不妨来看一道高考试题，此题为2021年江苏省高三适应性考试（Ⅱ卷）客观题的第3题，原题如下：

唐代曾多次官修姓氏书，用博古通今的名儒修撰姓氏谱录。贞观十二年，《氏族志》修成，仍列时任六品官的山东士族崔民干为第一等。李世民看后大为不满，遂命重新刊定，强调欲崇重今朝冠冕，而非血统或郡望。这反映出李世民意在

A. 防范名儒操纵朝政　　B. 重新划定等级阶层

C. 打击士族政治权力　　D. 杜绝官僚政治流弊

本题答案为B，然而80%以上的学生在看到“非血统或郡望”这一信息时选择了C，不但学生甚至部分教师也无法理解B选项作为正确选项的原因。命题专家选用贞观十二年修《氏族志》这一历史事件进行命题，其背后隐藏的历史背景是唐初关陇贵族和山东贵族之间的较量，学生若能对这段历史有所洞悉，在回答此道试题时，正确率必然大大提升。然而，问题在于关陇贵族和山东贵族的相关内容在高中历史教材中并无涉及，教师在教学中该如何应对这种所谓“教考分离”的试题，以不变应万变呢？此时，创设学习情境就显得尤为重要。

翻开高中历史统编教材《中外历史纲要》（上），我们会发现三国两晋南北朝和隋唐这两个历史时期被编入了一个单元，难道是编写者为了节省篇幅才这么设计的吗？答案显然是否定的。“每一个单元的划分，背后都体现了某种特有的研究视角和切入点。以六朝隋唐为单元的研究，

关注的核心是贵族体制问题。”[①] 王亚南先生认为，中国的官僚社会统治，的确曾由中古分立局面显示一个大分水岭，“在经历了官僚贵族化或门阀形成阶段的中古分立之局以后，那些王朝的官僚政治里面，已经广泛渗入了特权阶级所具有的不少因素……隋唐及其以后的官僚统治，须得以较大的努力，妥善处理或对付这一新的课题”。[②] 陈寅恪先生认为，“隋唐两朝继承宇文氏之遗业，仍旧施行‘关中本位政策’，其统治阶级自不改其歧视山东人之观念”。[③]“当李唐初期此集团之力量犹未衰损，皇室与其将相大臣几全出于同一系统及阶级。”[④] 显然，在学者们的眼中，唐代依旧是贵姓大族势力极强的朝代。中学教学者要研究教材，理解教材编者的设计意图才能更好地使用教材。那么，如何用学习情境使学生理解唐代政治的这一特点呢？我们可以从教材中的三省六部制入手。

材料一

门下：朕以翼翼之心，孜孜求理，十年之内，廉政未凝，故极于焦劳，志在博采众说，聿亲奇士，冀获长才，取其节焉……凡此凶徒，悉已枭戮，绝其遗类，代谢忠良。……在京百司，见禁囚徒，流死罪递减一等。未结正者推问毕日，准此处分。诸色所由官员，陷于协从，虽有名籍，涉于诖误者，一切不用更问。……当时危之际，识臣节之勤，藏之于心，何日可忘。宣示中外，宜体朕言。主者施行。

太和九年十二月十六日

中书令具官封姓名

中书侍郎具官封姓名

中书舍人具官封姓名

侍中具官封姓名

门下侍郎具官封姓名

① 参见牟发松：《内藤湖南和陈寅恪的“六朝隋唐论”试析》，《史学理论研究》2002年第3期。
② 王亚南：《中国官僚政治研究》，北京：中国社会科学出版社，1981年，第71页。
③ 陈寅恪：《唐代政治史述论稿》，上海：上海古籍出版社，1997年，第16页。
④ 陈寅恪：《唐代政治史述论稿》，上海：上海古籍出版社，1997年，第47页。

给事中臣　承嘏　等言

太和九年十二月十六日

可！①

上文制书是唐文宗太和年间，李训、郑注等发动甘露之变谋诛杀宦官失败，宰相王涯被杀后，文宗下令颁布的制书。制书的前半部是中书省以皇帝的名义撰写的文字，但制书以"门下"二字首发，说明中书省草拟的诏书是送往门下省，由门下省颁布的。给事中及门下省的侍中、黄门侍郎，只需署名后下达尚书省即可。而制书最后的"可"，表示遵从"覆奏"的程序，由皇帝御画。可见，"皇帝的诏令，必须经过给事中、黄门侍郎及侍中审覆的程序，否则就不能算正式的诏令"。② 教学中教师呈现上述情境，不但可以加深学生对教材中关于三省在政务运行中各自职能描述的理解，也可以使学生对门下省在三省中的独特地位有一个初步的认识。在此基础上，教师可以继续补充材料：

材料二

（门下）侍中之职，掌出纳帝命，缉熙皇极，总典吏职，赞相礼仪，以和万邦。以弼庶务，所谓佐天子而统大政者也。凡军国之务，与中书令参而总焉，坐而论之，举而行之，此其大较也。凡下之通上，其制有六：一曰奏抄，二曰奏弹，三曰露布，四曰议，五曰表，六曰状；皆审署申覆而施行焉。③

唐制，凡诏敕皆经门下省，事有不便，得以封还，而给事中有驳正违失之掌，著于六典。④

所谓"佐天子，统大政"表明作为门下省长官的侍中，拥有"军国之务，参而总焉"的"议政权"及"出纳帝命"即皇帝诏书由门下省转下的"颁

① 刘俊文主编，宋金文译：《关于唐代的制书式》，载《日本中青年学者论中国史——六朝隋唐卷》，上海：上海古籍出版社，1995年，第296—335页。

② 罗永生：《三省制新探——以隋和唐前期门下省职掌与地位为中心》，北京：中华书局，2005年，第126页。

③〔唐〕李林甫：《唐六典》，北京：中华书局，1992年。

④〔清〕顾炎武：《日知录》卷九《封驳》，长沙：岳麓书社，1994年，第318页。

令权”。所谓“审署申覆”“驳正违失”，表明门下省对下行文书——诏敕和上行文书——百司奏抄，有驳正违失之权。可见，门下省所具有的复审大权，表明治国之策并非完全取决于天子一人，结合贞观时期，太宗“……皆委百司商议，宰相筹划，于事稳便，方可奏行……因令诸司，若诏敕颁下有未稳便者，必须执奏，不得顺旨便即施行，务尽臣下之意”[①]的要求和群相“知政事者，午前议政于朝堂，午后理务于本司”[②]的政事堂议政制度综合分析，三省之长中书令、侍中、尚书令共议国政在贞观年间渐已形成，所以唐初的政治并非君主独裁政治，“而是综合天子和贵族意志实行的贵族政治，门下省则堪称代表贵族意志的机关”。[③]

分析到这儿，学生对唐朝初期三省六部制所具有的“贵族色彩”应该有比较理性的认识了。据此，教师可以继续追问：唐初“开明政局”的出现仅仅是因为太宗皇帝的个人品行吗？在学生讨论的基础上，教师可以再提供一组数据：

材料三

唐高祖武德朝15个宰相中，有14位为士族出身，家世背景无比显赫，有7人来自关陇，另一半来自山东和江左，有13位以门荫入仕，以科举入仕者仅房玄龄一人。太宗朝22个宰相中，只5人为寒庶出身。[④]

显然，从唐初宰相构成上可以看出，初唐政权基本上是各方士族势力的政治联合体，其贵族政治的倾向非常明显，这也是三省宰相得以与皇帝共商国是的深刻背景。通过学习情境的呈现，师生共同分析研究，学生不仅可以加深对教材中三省六部制的理解，也可以更全面地理解教材外的唐朝政治制度。在这个过程中，学生分析问题的能力和独立思考

①〔唐〕吴兢：《贞观政要》，北京：中华书局，2015年。

② 杜佑：《通典》，北京：中华书局，2016年，第632页。

③［日］内藤乾吉：《唐代的三省》，《日本学者研究中国史论著选译》第八卷《法律制度》，北京：中华书局，1992年，第225—251页。

④ 参考田磊：《科举制与唐前期贵族政治向官僚政治的转换》，云南大学硕士学位论文，第60—61页。

的能力都得到极为有效的训练。至此，再回头看前文所示的试题，恐怕再不会有人选择“打击士族政治权力”这一选项了吧！

捷克教育家夸美纽斯在《大教学论》中说：“一切知识都是从感官的知觉开始的。”主题情境的设置，不但可以激发学生的学习兴趣和动力，也有利于学生认知能力和思维能力的全面发展。无论解决哪种问题的主题情境，我们在应用中都需要遵循一些共同的设计原则，包括：史料的选择要有科学性和针对性、情境的发展要有顺序性和层次性、情境的内容要有适宜性和思维性、情境的素材要有鲜活性和生活性。当然，最重要的是，情境的引入一定要符合学生的需求，要能切实解决学生在学习中遇到的问题，只有具备了应对各种实践情境所必需的能力，才是具备历史学科的关键能力。所以，熟练掌握情境创设方法解决教学中的各类问题，是中学历史教学工作者不可缺失的基本技能。

第四章　三式：指向表达的项目式教学

项目化教学是一种基于项目的教学模式，其特点是以项目为中心，采取任务、项目、实践驱动式学习，引导学生进行问题探究、分析、解决和推理等学习活动。主要目的在于培养学生分析和解决实际问题的能力。项目化教学可以对学生多方面的能力发展产生效果：一是培养学生的实践能力，强化其对知识的运用；二是帮助学生发掘创新能力，思考问题的能力；三是提升学生分析问题、解决问题的能力，包括发现新问题、解决新问题的能力等；四是增强学生学习的积极性，促进学生主动性学习，让他们养成自主学习的习惯；五是提高学生的合作能力，培养学生的团队合作精神。

主题项目式教学是历史教学中培养批判性思维的重要途径，从项目式教学的自身特点来看，完成项目研究所需要的创新能力，发现问题、解决问题的能力，开放合作意识及主体意识都指向批判性思维。而从教学过程来看，项目式教学是基于阅读教学和情境教学之上，更具综合性的一种教学方法。项目教学要确定项目研究的主题，要准备充分的史料作为研究的素材，要通过各种历史探究的方法进行推理、论证和建构，并最终指向历史的表达，也就是项目写作。无论怎样的研究成果最终还是需要表达成文才能说明问题，所以项目式教学与阅读式教学和情境式教学方式相比，对学生的能力要求更全面、更系统。

第一节　项目化教学的依据

一、项目化教学的概念

什么是项目？什么是项目化教学？采用项目化教学法之前，我们首先要厘清项目化教学的概念，这有助于我们更好地在历史学科中应用它。

（一）项目

“项目”一词最早于20世纪50年代在汉语中出现，《现代汉语词典》中将“项目”解释为“事物按性质分成的门类”。英文project有两种词性，做名词时，意为生产或研究的工程、方案、计划等；做动词时，意为设计、规划、表现、促进等。

时至今日，“项目”一词已经被广泛地应用于社会、经济和文化生活的各个方面。许多管理方面的专家或者组织都试图用简明扼要的语言对“项目”一词进行最准确的概括。国际项目管理协会认为项目是“在一定时间和成本约束下，满足质量标准和需求，实现既定的可交付物的一次性活动”①。ISO -10006国际标准对项目的界定是“在一套相互协作和控制活动下完成的过程性任务，需包括具体的开始和完成的时间、符合特别要求的目标，例如时间、成本、资源的限制等”②。我国学者刘景福、钟志贤则将项目概括为“以制作作品并推销出去为目的，利用多种资源，在一定时间内完成相关一系列任务的活动”③。从上述关于“项目”的概念界定来看，“项目”包含的既是过程也是结果，并且具备三个明显的特征：其一，强调在一定的时间内完成；其二，项目研究存在明确的规则要求；其三，项目呈现的成果必须是有价值、有质量的。

（二）项目化教学

项目化教学的思想来源于20世纪初期杜威的实用主义思想。美国巴

---

① 白思俊：《现代项目管理概论》，北京：电子工业出版社，2006年，第26页。

② [西]安东尼奥·涅托·罗德里格斯著，张玉然译：《项目革命：如何在项目驱动的世界里达成目标》，北京：中国青年出版社，2020年，第10页。

③ 刘景福、钟志贤：《基于项目的学习（PBL）模式探究》，《外国教育研究》2002年第11期。

克教育研究所认为项目化教学可以理解为“引导学生在一定的时间内针对一个有吸引力的、真实的、复杂的问题或课题进行研究并能应对的教学方法，在研究过程中掌握知识和技能。其中，重点是学生的学习目标，包括基于课程标准的内容和自我管理、合作、批判性思维等技能”。[①] 国内学界对项目化教学的内涵界定不一，大部分认同巴克教育研究所提出的观点，同时也提出了一些新的研究视角，如刘海涛、王林发把“项目”作为教学载体来探讨，认为项目化教学是一种以学生为中心，以项目为形式，以成果为目标，将学习置于问题之中的教学模式。[②] 综合来看，项目化教学是从教育学立场，从培养 21 世纪新型人才的角度，从教与学双向维度形成的一种教学方法，具体表现为引导学生在一定的时间内针对一个有吸引力的、真实的、复杂的问题或情境进行研究，且最终形成多样化的项目作品。项目化教学指向素养目标，趋向深度学习，走向资源整合。它尊重学生的认知水平与心理特点，积极寻找学校学习与学生经验世界的联结点，意在于文化认同、驱动体验、价值关照中实现立德树人。它着眼于学生的核心素养，注重对其协作能力、交往能力、批判性思维、创造性思维与学科素养的培育，符合基础教育课程与教学改革的基本理念。它坚持以学生的核心素养为取向，强调知识与情境的紧密结合，主张在动态的、积极的、立体的教学中，生成符合新时代要求的教学价值。[③]

（三）高中历史项目化教学

高中历史项目化教学必须立足于高中历史的学科特点和需求。历史学研究的基本任务，一是不断地发掘历史真相，二是不断地做出历史解释。历史学是一个思辨的学科，历史解释和历史结论不具有真理的唯一性，

① [美]巴克教育研究所著，任伟译：《项目学习教师指南——21 世纪的中学教学法》，北京：教育科学出版社，2008 年，第 4—5 页。

② 刘海涛、王林发主编，王林发、郭雪莹、符蕉枫编著：《项目化教学的方案与实践》，福州：福建教育出版社，2016 年，第 2 页。

③ 姬晓灿：《高中历史项目化教学研究》，曲阜师范大学博士学位论文，2022 年，第 32 页。

历史教学只有通过对具体的史事进行分析才能培养学生的思维能力[①]。历史学关注过程，探求历史何以至此，结果是怎样发生的，因此建立历史叙事的脉络，把握历史的发展逻辑，通过质疑进行思考并最终释疑，都应是历史课堂教学本身所追求的。

基于以上观点，结合项目化教学的一般定义，我们可以得出对高中历史项目化教学的几点认知：其一，求真求实是历史教学的底线，也是立德树人的教育原则；其二，历史项目化教学必须依托高中历史课程标准，基于高中历史统编教材，与素养目标紧密相连，注重分析、提炼、解释、表达，关注对学生批判性思维的培养；其三，高中历史项目化教学强调教与学、学与学多向纬度，充分拓展学生在教学活动中的空间。所以，高中历史项目化教学是一种以历史核心素养为目标，以思维提升为内涵，引导学生在一定的时间内针对复杂的、真实的、有价值的历史议题进行探究，并最终通过历史的表达形成项目作品的教学方法。

二、项目化教学的认知策略

如何确定项目研究的主题是项目化教学的核心问题。高中历史教学的目标是通过掌握必备知识和核心能力，最终提升学科核心素养。显然，历史知识是能力和素养的前提，而从教学论的角度看，任何教学形式都是对知识的组织形式，不同类型的知识有与之相适应的教学方法，因此，并非所有的知识都适用于项目化教学。为了更好地体现认知策略，达成有意义的项目化教学，我们先来认识一下知识的类型。

（一）知识分类

认知领域关于知识的分类，比较具有代表性的是安德森的知识分类法，他在布卢姆教育目标分类学的基础上，将知识分为事实性知识、概念性知识、程序性知识和元认知知识。

事实性知识是指学习者了解一门学科或解决与其相关的问题时，所

---

① 任世江：《高中必修课程〈中外历史纲要〉解析（上）》，北京：北京师范大学出版社，2023年，第3—4页。

必须知道的基本要素。这些要素一般是具体的、详细的，是本学科研究者进行思考和实践必不可少的基础性知识。如士族制度：

士族制度是三国两晋南北朝时期特有的历史现象，它的特点是按门第等级区别士族同庶族在政治、经济、文化上的不同地位。在于以谱牒门第为标准，以豪强家族、九品中正制度以及封建庄园经济为基础；高门大姓与寒第下层壁垒森严，“上品无寒门、下品无望族”；士族地主在政治经济文化及社会生活各个方面享有特权，其社会地位不因政治升降而受影响，庶族子弟工作事务烦琐，官职升迁机会较少，难以同士族联姻往来，“世胄蹑高位、英俊沉下僚”；决定整个魏晋南北朝诸领官僚门阀特色。士族制度盛行是一种特殊的社会历史现象，随着南北经济文化差异缩小、科举选吏制度打击、中小地主力量兴起和唐末农民起义的冲击，士族制度最终走向崩溃。

上段叙述中包含了士族制度的基本要素：时间、特点、过程、结果等，这些信息是学习魏晋南北朝历史必备的基础知识。对于事实性知识，教学中只要大致了解即可，没有必要花大量课堂时间反复讲解，因为课堂的主题是要解决对学生思维能力的提升这一问题，否则就会损害学习的意义。

概念性知识是在一个更大的体系内共同产生作用的要素之间的关系，包括分类和类别的知识、原理和通则，以及理论、模型和结构的知识。[①]这类知识可以使学习者跳出事实性知识的具体细节，站在一个视野更为开阔的领域，整体化、系统化地把握知识。在历史学科中，概念性知识大致包含三类。

第一类是某一历史阶段的整体特征或主题，并用政治、经济、思想等不同角度的史实进行整体阐释。如：

秦汉时期（公元前221—220年）：

总特征：封建社会的统一和初步发展的时期（古代中华文明的形成和发展时期）

① ［美］洛林·安德森著，蒋小平等译：《布卢姆教育目标分类学：分类学视野下的学与教及其测评》，北京：外语教学与研究出版社，2009年，第38页。

政治：国家统一，封建社会形成和初步发展；专制主义中央集权制度的建立和巩固，官僚体制逐渐代替贵族体制，奠定中国古代政治制度的基础；同西域各族发生密切交流；中国同朝鲜、日本、西亚和欧洲的交往。

经济：封建经济初步恢复和发展；中外的经济交往频繁。

思想：思想专制，服务政治；儒学思想成为封建正统思想；科技文化在世界长期领先的基础；科技文化得到很大发展。

第二类是同一类型或性质史实的专题化呈现，它涵盖了分析、比较，特点与规则的归纳。如：

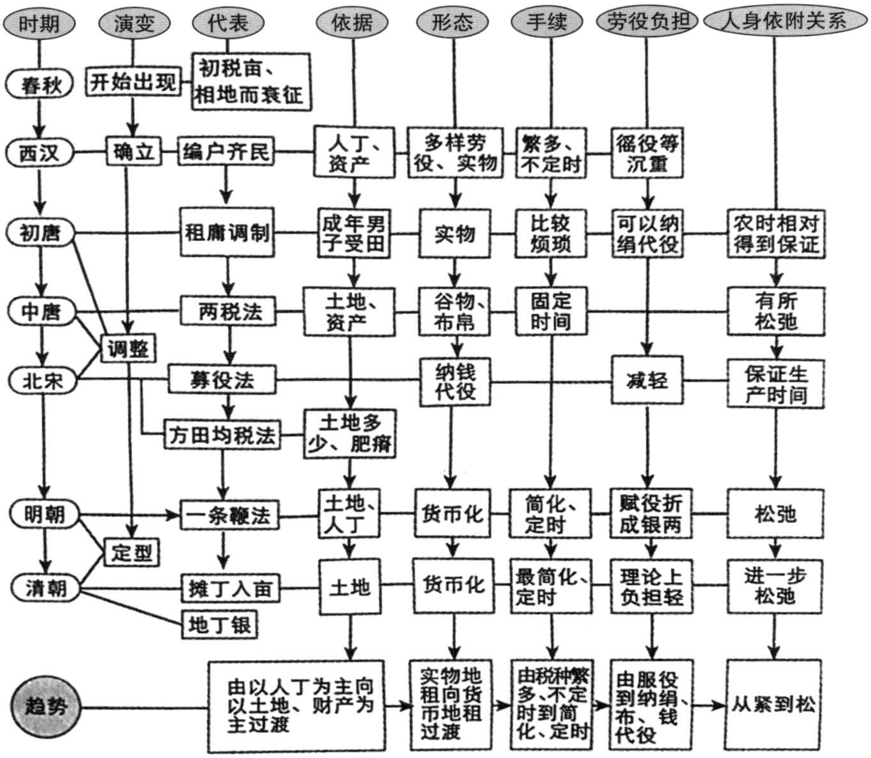

图 4-1　中国古代赋税制度的演变及发展历程

第三类是单一史实在其所处历史环境中的结构化呈现，这其中包括对历史事件前因后果的推测、概括、比较等方法的应用。如：

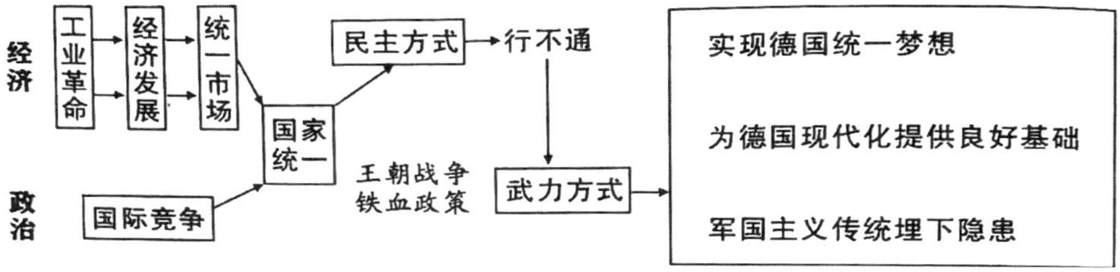

图 4-2 “德国统一”内容逻辑①

程序性知识指的是做事的方法、探究的方法，以及使用技能、算法、技术和方法的准则。② 在历史学科中，程序性知识更多地指向历史研究的方法，也就是史学方法。如分析社会发展的原因，可从以下六个方面入手：一是生产力因素，包括工具的改进、生产技术的积累、劳动力的投入；二是生产关系因素，包括新的生产方式的确立、土地政策的调整等；三是上层建筑的因素，包括中央如何处理与地方的关系、是否重农抑商、优先发展某一行业，以及宗教、文化等制度对经济发展的反作用等；四是对外关系的因素，是否有利于经济文化的发展；五是社会环境的因素，国家是否统一安定；六是地理条件的因素等。

元认知知识是关于认知的知识，以及关于自我认知的意识和知识，包括策略性知识和关于认知任务的知识、适当的情境性和条件性知识、自我知识。③ 具体而言，元认知知识包括三个方面：第一，有关认知主体的所有知识，如学习者在历史学习中个体兴趣、爱好、学习习惯及其程度的差异，知道记忆、理解有不同的水平，知道人的认知能力可以改变等。第二，有关认知任务的知识，如学习者可以认识到史料的性质、长度、结构特点、呈现方式、逻辑性等因素都会影响我们的历史解释。第三，有关认知策略

① 徐建强：《用“联系”增进历史理解——以“德国统一”教学实践为例》，《中学历史教学参考》2016 年第 10 期。

② ［美］洛林·安德森著，蒋小平等译：《布卢姆教育目标分类学：分类学视野下的学与教及其测评》，北京：外语教学与研究出版社，2009 年，第 40 页。

③ ［美］洛林·安德森著，蒋小平等译：《布卢姆教育目标分类学：分类学视野下的学与教及其测评》，北京：外语教学与研究出版社，2009 年，第 44 页。

及其使用方面的知识，如学习者可以认识到各种认知策略的优点和不足，它们应用的条件如何，什么样的策略更加有效等。

从上文对不同类型知识的介绍中，我们可以发现，课堂教学中，概念性知识的学习需要综合运用多重历史探究方法，对学生的能力和思维提出了很高的要求，它不仅要求学生了解知识，更要求学生能在深度理解知识的基础上把概念作为学习的工具迁移到其他的学习情境中去。而项目化教学的运行强调以历史核心概念为引领，统合各种知识与方法，形成一个真实的、有驱动性的项目展开持续性探究，形成可视化的学习成果并伴随过程性的评价。在这一过程中，学生不仅要知道知识是什么，更要像史学家一样去思考、去探究知识的内涵与外延，这就要求知识本身具有复杂性、系统性，因此概念性知识最适合成为项目化教学的项目主题。

（二）认知策略

安德森的知识框架在把知识分为四类的同时，又在布卢姆目标分类学说的基础上，将知识类别与认知过程相结合，形成了一个二维分类表：

表 4–1　安德森二维分类表

知识维度	认知过程维度					
	1. 记忆	2. 理解	3. 应用	4. 分析	5. 评价	6. 创造
事实性知识						
概念性知识						
程序性知识						
元认知知识						

从表格内容可以看出，安德森为认知知识的过程提供了六个具体的教育目标。在教学活动中，教师选择什么认知目标，就要创造什么样的情境问题引导学生达成目标。因此，记忆、理解、应用、分析、评价和创造与其说是认知目标，不如说是认知过程中实现目标的具体策略。

下面，我们以鸦片战争中“挨打皆因落后”的归因为论题来分析项目化教学中认知策略的运用。笔者从学生时代起，就被老师一遍遍地灌输一个结论——“挨打皆因落后”，时至今日，“挨打皆因落后”依旧时常出现在中学历史的课堂上。显然，这一结论在中学历史教学中已经被固化。然而，这个结论是无前提成立的吗？若不成立，问题出在哪儿？若能成立，仅仅作为结论灌输给学生是否合适？面对学术界研究的成果，历史项目化教学可以充分地引发学生思考。

就核心知识而言，学生要研究这个项目需要明确以下内容：1. 鸦片战争的事实性知识，包括战争爆发的时间，战争的过程和主要战役，《南京条约》及其附件相关条款。2. 鸦片战争的概念性知识，包括战争之前东西方世界的差异，19 世纪中期的世界格局，清政府内外政策引发的必然后果。3. 鸦片战争的程序性知识，包括用历史的方法阅读诏令、地图、学者评价等相关史料，分析提炼信息等。4. 鸦片战争的元认知知识，包括学生在项目研究前对鸦片战争形成的已有认知或观念，如“落后就会挨打”。

将上述知识结合项目化教学的认知策略，可以做如下分解考虑：

记忆：19 世纪中期，中英之间爆发战争，典型事件包括：虎门销烟、虎门海战、《南京条约》及其附件的签订。

理解：鸦片战争爆发的背景，鸦片战争给中国社会带来的深远影响。

应用：将分析鸦片战争的历史思维方法应用于近代其他的侵华战争。

分析：将鸦片战争失败的原因分解为政治、经济、军事等多个维度进行分析，并探究各维度对战争结果的影响。

评价：论证“落后皆因挨打”的合理性与不合理性。

创造：在质疑、论证、批判的基础上建构自己的观点。

项目学习中，学习者若想完成以上认知目标，仅仅依靠教材中的描述是不够的，教师需要从多个视角提供补充材料，充分应用史学研究的成果。例如，对鸦片战争之前中国经济状况的分析，教师可以从生产和贸易两个角度加以引导。

角度一：生产的发展

一个国家的 GDP 总量首先依赖于国内的生产。以江南地区为例，宋代以来，太湖流域的农业生产有了长足进步，“国家根本，仰给东南”“苏湖熟，天下足"已成时人普遍的看法。进入明代以后，这一现象发生了变化，一个新的"粮仓"正在悄悄形成，那就是湖广地区。明末清初李釜源的《地图综要》提到："楚故泽国，耕稔甚饶，一岁再获，柴桑、吴越多仰给焉。谚曰：湖广熟，天下足。言其土地广沃，而长江转输便易，非他省比。"无论是"苏湖熟，天下足"还是取而代之的"湖广熟，天下足"，都说明了宋明以来，中国农业生产力的高度发达。

那么，原先曾经以天下粮仓闻名的苏州、湖州及其周边地区，是否在"湖广熟，天下足"之后就此衰落了呢？答案恰恰相反。明中期以后，由于商品经济不断向纵深发展，日益深入农村，促使农家经营的商品化程度不断提升，这集中体现在传统的蚕桑丝织经济与新兴的棉纺织经济中。商品化程度的提升带动了农民家庭手工业的专业化和市场化，经济收益明显增加，又导致农业结构发生变化，蚕桑压倒稻作、棉作压倒稻作，从而改变了先前以粮食作物为主体的农业模式，代之以与市场密切相关的经济作物的栽培，以及对蚕茧、棉花的深加工带动的手工业的飞速繁荣，于是出现了早期工业化。[①] 从农业和工业的比例来看，1850 年以前的 300 年中，江南工业的发展使其在经济中所占比例日益提高。到 19 世纪初，在江南的大部分地区，工业的地位已与农业不相上下，甚至可能已经超过农业。[②] 彭慕兰将当时的中国江南与欧洲最先进的英格兰进行比较，得出的结论是，欧洲核心区和世界其他一些地方核心区之间经济命运的大分流，在 18 世纪相当晚的时候至 19 世纪才出现。[③] 可见，直到 19 世纪早期，中国的经济生产并未落后于西方。

角度二：贸易的繁荣

生产力的发达，产品的丰富，使得中国的商品在国际市场上具有极

---

① 樊树志：《晚明大变局》，北京：中华书局，2015 年，第 154 页。

② 李伯重：《江南的早期工业化（1550—1850）》，北京：社会科学文献出版社，2000 年，第 16 页。

③ [美]彭慕兰著，史建云译：《大分流：欧洲、中国及现代世界经济的发展》，南京：江苏人民出版社，2010 年，第 2 页。

强的竞争力。15—16 世纪地理大发现以来，“全球化”初露端倪，世界历史进入了一个新时代，中国当然不可能置身事外。必修二教材内容认为，明清的海禁和闭关锁国政策阻断了中国与外界的交往是不符合历史史实的。

新航路开辟后，葡萄牙人绕过好望角进入印度洋，占领了马六甲及香料群岛，从 1524 年起开始在中国东南沿海走私，获得澳门贸易许可后，把中国市场卷入全球贸易网络之中，形成“丝—银贸易”。1580 年以后，西班牙的马尼拉当局，为生丝、丝织品、棉布等中国商品找到了一条通往墨西哥的贸易航路——太平洋丝绸之路，运去的是以丝货为主的中国商品，运回的是墨西哥银圆。在全球化贸易浪潮和巨大的利益诱惑下，贸易双方都在不遗余力地冲击着明朝的海禁政策，走私与海禁较量的结果，终于使得统治集团明白，时代的潮流不可阻挡，海禁政策已经不合时宜。① “隆庆元年，福建巡抚涂泽民上疏请开放海禁，准贩东西二洋，朝廷允准”。② 由此可见，走私贸易转化为合法贸易，铸就了晚明后中国对外贸易的辉煌。

需要强调的是，无论是葡萄牙、西班牙，还是后来的荷兰、英国，在与中国的贸易中，始终都处在逆差之中。所以教材中说，鸦片战争前，中英贸易中中国处于出超地位。为了弥补这种逆差，各国不得不向中国支付白银，美洲、欧洲和日本的白银由此源源不断地流入中国。德科民估计，自 1571 年至 1821 年的 250 年中，有西属美洲运往马尼拉的银子共约 40000 万，其中四分之一或二分之一都流入了中国。全汉昇认为，德科民说的四分之一显然估计太低，二分之一或更多些，可能比较接近事实。③

从中外学者的这些论述中，学习者可以得到一个基本共识，至少在

① 樊树志：《晚明大变局》，北京：中华书局，2015 年，第 3 页。

②〔清〕张燮：《东西洋考》卷七《饷税考》，北京：商务印书馆，1936 年。

③ 全汉昇：《明清间美洲白银的输入中国》，《中国经济史论丛》第一册，北京：中华书局，2012 年，第 435—439 页。

经济方面，鸦片战争前的中国并不落后。“打个比方，有强盗要劫掠，一家穷得家徒四壁，另一家却富得流油，他要冒惊涛骇浪越洋抢劫，岂会弃富选穷？”“所以，倘说鸦片战争是因为中国落后而挨打，不合乎历史实相。”①

既然至少到19世纪初，中国的国力并不落后，那中国为何会挨打呢？又是什么让中国轰然倒在了近代化的门槛前呢？质疑过后，我们必须要进行反思，反思有助于我们更好地进行分析评价。

“挨打”，首先是一个军事问题。茅海建先生研究了虎门大战后，认为“战败的原因几乎全是军事的，是由双方军事力量的强弱、技战术水平的高下决定的”②。理论上，军事实力应该完全由经济水平决定，然而现实的情况却要复杂得多，历史上我们也多次看到落后文明征服先进文明的实例。鸦片战争前的清军实力，茅先生从武器装备、兵力与编制、调兵速度、士兵与军官作战的积极性等多个角度进行了分析，得到的结论是“鸦片战争时期的清军，本是一个难得见到光明的黑暗世界”。

清军为何会是“黑暗世界”？以武器装备为例，在明清之际，中国的军事科技并不落后于西方，在制造方面，中西双方都处于工场手工业的同一水平。到了康熙之后，中西武器装备的差距急剧扩大。究其原因，在于清王朝对军事技术的立足点是保密而非研发，因为平三藩收雅克萨之后，清王朝就进入了一个长期的相对和平的阶段，只需垄断具有优势的军事技术不被潜在的对手掌握即可。而为了确保满洲贵族的统治，清军的武器配备采取梯次化配备，绿营兵的武器明显劣于八旗兵的，这种政策导致在鸦片战争中，清朝实以最次的装备来应敌。除了性能之外，康熙之后的武器装备在制造质量上也明显下降，因为清朝规定了各种兵器的型制，再根据型制规定制造工艺和价格，这就导致新技术、新工艺因不合规定而被排斥——不合规定是不允许报销的。任何一个制造者都不会做亏本

① 朱维铮：《重读近代史》，上海：上海文艺出版集团·中西书局，2010年，第3页。
② 茅海建：《天朝的崩溃：鸦片战争再研究》，北京：三联书店，2005年，第232页。

生意，在物价上升而政府的制造经费固化的情况下，又出现了偷工减料、贿赂验收官的现象，由此清朝的武器装备在已无创新机制的制造中“居然尚未达到当时社会的技术和工艺已经达到的水平”[①]就不足为奇了。探究清军的武器装备，我们会清楚地发现，这种军事水平并非因为国力而急剧衰退，实为清朝的军备政策及管理体制所造成的。同样，清军警察特色的部队编制，陈旧保守的战略战术，训练废弛、军纪荡然的士兵和军官，凡此种种，无一不和当时的政治体制息息相关。

政治体制的弊病在军事上还有另一种表现。战场态势瞬息万变，领导者的决策对战局的发展至关重要，清朝的皇帝都亲理一切政务，以一个人的智慧，在短时间内对大小政务做出决策，这不仅需要雄才大略，还要精力充沛，这种高度集权的体制对皇帝的人选提出了近乎神的要求，然而皇帝生产的方式决定了大多数皇帝都是平庸之辈。于是，朝廷的决策难以建立在具体分析和理性探讨的基础上，往往跟着君主一时的感觉走，决策失误就在所难免了。决策层无法避免失误，以镇压而维持统治的政府，民众又不是可依靠的力量，绝大多数民众对鸦片战争都持一种置身事外的态度，加之清军的作战水平，中国“挨打”的结局又如何能够避免!

反思到这儿，学习者对于“挨打”的原因应该有了清醒的认识。再反思“落后就要挨打”的结论，我们可以建构一个更为理性全面的观点：第一，鸦片战争前的中国，从经济实力上看并未落后于西方。因此，直接将“落后就要挨打”的结论抛给学生，缺乏严谨性。第二，从“挨打”的过程来看，中国在战争中显露出军事与科技的明显落后，因此“挨打”确因落后。第三，“康乾盛世”之后，中国的军事与科技迅速落后，这是中国政治体制导致的必然后果。

行文至此，可能会有老师提出疑问：根据历史唯物主义的经典理论，应该是经济基础决定上层建筑，怎么会出现经济繁荣而政治体制落后的情

① 参考茅海建：《天朝的崩溃：鸦片战争再研究》，北京：三联书店，2005年，第45—47页相关内容。

况？实际上，马克思主义的经典理论主要是基于对欧洲社会的分析，欧洲历史上绝大部分时间没有形成强有力的中央集权，封建领主既是土地所有者也是土地上居民的统治者，国王权力相对弱小，从未如中国一般形成具有独立地位、掌握巨大权力的官僚集团。中华帝国是一种权力主导型社会，这种特殊性决定了政府体制对经济基础的影响力要远远大于经济基础的决定作用。[①]“中国在清中叶仍属全球首富，却在世界竞争格局中，迅速沦为东亚病夫，成为欧美乃至后起的日本竞相瓜分的鱼肉。那历史原因，不正在经济繁荣与政治腐败、社会黑暗的落差越来越大的中间吗？”[②]当制度以超强的力量阻碍军事、科技、思想等因素发展时，经济的繁荣又怎么会不是强弩之末呢！在西方科技革命的前夜，中华文明在北方少数民族内迁、民族压迫政策和理学思想文化专制地统治下，最终倒在了近代化的门槛前。

通过上文对“挨打皆因落后”相关认知策略的运用，我们可以得出下表：

表 4–2　“挨打皆因落后”项目学习多维分类表

知识维度	认知过程维度					
	1. 记忆	2. 理解	3. 应用	4. 分析	5. 评价	6. 创造
事实性知识	√	√				
概念性知识	√	√	√	√	√	√
程序性知识			√	√	√	√
元认知知识				√	√	

三、项目研究技能

在进行项目研究的过程中，学习者若能完成历史议题并进行有质量的探究，并最终完成分析报告，必须掌握规范的研究流程，掌握必须的研究技能。

① 李晓鹏：《从黄河文明到“一带一路”——王朝覆灭的历史宿命》，北京：中国发展出版社，2016 年，第 393 页。

② 朱维铮：《重读近代史》，上海：上海文艺出版集团・中西书局，2010 年，第 3 页。

表 4–3 项目教学必备技能示例 ①

训练技能	训练因由	训练步骤或方法
推论并求证	推断意味着评估信息后得出的结论。推论得出的，不是直接得到的结论。	按下列步骤你可以做推断、下结论： 阅读并判定给出的主要事实及观点。 考虑一切你所知道的与主题有关的信息，然后进行推论。你已有的知识会影响你所阅读的资料。 你从资料的内容中推断出资料以外的信息。 用你的知识及推理进一步探索与事实相关的结论。 如果可以，寻找特殊的信息来证明或否定你的推断。
史料整合	整合史料需要将两种或两种以上的史料结合在一起。整合史料的能力至关重要，因为从一处收集的信息会凸显出相关联的另一处信息。信息的整合能力将帮助学习者更加有效地阅读和写作。	写一份项目研究报告，需要研读相关史料。整理好的史料可以引用在报告中，但在引用之前，你要逐一分析每份史料，判断它们的价值及可靠性，然后寻找史料之间的关联性。
信息提取	当学习者进行史料阅读时，提取信息十分重要，将大量史料缩减为核心词汇可以帮助你记住中心论点和重要史实。	为了有效提取信息，请按以下方法进行阅读： 从细节中提炼出中心思想，在总结中使用它。 试着用自己的语言描述中心思想。 阅读并总结史家的观点，如果你认同他的历史解释。 如果提取的信息和史料内容几乎一样长，那就证明史料应用过多，需要再提炼。
项目表达	项目研究的成果需要通过充分的表达才能呈现。	选择感兴趣的论题，使论题与项目研究的内容相吻合。 陈述你的论点。项目报告需要论点明确，清晰地表达你需要证明什么、阐释什么。 做好准备工作。针对论题，整理相关可用的史料，并对史料所呈现的历史叙述和历史解释进行分析归类。 撰写报告，包括研究的主题和论点，用历史的思维论证观点，并在结尾总结突出你的发现。 修正报告，校订初稿。

① 参考程修凡：《美国特级教师的历史课》，厦门：鹭江出版社，2017 年，第 127—128 页。

第二节 项目研究运行体系

高中历史项目化教学是一种极具综合性的教学法，它需要方向正确、主题明确、过程清晰，师生需要充分利用历史学科的研究方法和思维特质，并关注到课标、教材等多方面的因素。因此有研究者认为高中历史课程中项目化教学的运行体系可以概括为“基于课程标准、教材与学情，秉承唯物史观，以历史大概念为引领，寻找核心知识，形成本质问题，进而转化为一个真实的、有意义的驱动性课题展开持续性探究，在探究过程中，始终贯穿时空观念，蕴涵史料实证的途径与方法，运用高阶认知策略进行历史解释，涵养家国情怀与人文精神，形成可视化的学习成果并伴随不间断的过程性、表现性评价”。① 项目化教学要求一个完整的体系建构，而具体运行的第一步就是确定项目主题。

一、确定项目主题

确定项目主题是项目教学法的导向阶段，即立项。通常由教师提出一个或几个项目主题，然后与学生一起讨论，最终确定项目的目标和任务。

众所周知，统编高中历史教材因为纲要性质，体系庞大、内容繁多，如何能在短短一堂课的时间限定中完成教学任务并达成教学目标，提升教材的实用性和可操作性，是中学一线教师迫切希望解决的难题。因此，确立主题进行教学设计不失为一个适用的可操作模式。何为主题设计？就是以“主题为中轴，围绕教学主题展开的，在系统论、学习理论与教学论指导下，以教学主题为枢纽，在系统内诸要素之间彼此联系、相互作用与协调运行中，驱动师生双适应双发展以达成教学主体心理结构的完善与自我实现的整体性设计”②。选择鲜明而合理的教学主题来设计教材内容，不但可以帮助学生实现课堂教学中各类知识点的整合，更好地夯实基础，

① 姬晓灿：《高中历史项目化教学研究》，曲阜师范大学博士学位论文，2022 年，第 63 页。
② 袁顶国、朱德全：《论主题式教学设计的内涵、外延与特征》，《课程・教材・教法》2006 年第 12 期。

也可以提升课堂教学的思维力度，实现课程标准中对历史学科核心素养养成的相关要求。所以在教学设计的过程中，选用合适的典型素材来构建主题、解析主题，就成为教学实践中的关键问题。例如统编教材《中外历史纲要》（下）的第1课《文明的产生与早期发展》。

（一）主题确立的原则

1. 主题主旨的标准性

中学历史课堂教学的内容不能天马行空，它必须立足于教材与课程标准，因此确立教学主题的首要原则是标准性。

我们不妨先来分析一下教材的内容。《文明的产生与早期发展》一课由两个标题组成："人类文明的产生"和"古代文明的多元特点"，其中第二个标题的内容占据了本课的主要篇幅，"根据世界历史的这种基本趋势，我们在设计课程体系时，在上古和中古部分特别注意突出世界文明多元发展的格局。第1课从人类文明产生开始，以古代西亚文明作为典型，并且用几乎相等的篇幅叙述了古代埃及、古代印度和古代希腊的历史发展"。[①] 晏绍祥先生在访谈中强调了"突出世界文明多元发展的格局"这一设计意图，因此我们可以初步判断本课的重点在于古代文明的多元特点。

再看最新版本的《普通高中历史课程标准解读》，其在归纳本课学习要点时描述了两个要点，分别是"了解人类文明在古代世界的发生和发展的一般情况和不同特点"和"认识古代文明发展的不同条件"。针对要点中出现的"不同特点"和"不同条件"，《解读》中又进行了较为详细的说明，如"埃及文明的发展深受尼罗河涨落的影响，较早出现了统一的专制主义集权国家。两河流域土地肥沃，经常遭到周边部落入侵。入侵一方面造成了文明的兴衰更替，另一方面不断给两河流域带来新的活力，苏美尔、阿卡德和古巴比伦王国的建立者最初都是入侵者。巴尔干

①《统编教材〈中外历史纲要〉（下）的主线与设计——晏绍祥先生访谈录》，《历史教学》2020年第2期。

半岛多山少平原的环境与铁器时代生产力相结合，造成了古希腊独特的城邦制度。”① 由此可见，无论是对教材编写意图的阐释还是对《课程标准》的细致解读，专家学者们都在突出“不同”这一概念。因此，本课的教学主题应毫无疑义被确定为“文明的多元性”。

2. 主题内容的典型性

“文明的多元性”既然可以被确定为本课主题，接下来的任务就是对主题内容进行选取了，因为主题是一课的主旨，而在教学实践中主旨的呈现还需落实于具体的内容。

如前文所述，教材以古代西亚文明作为典型，并且用几乎相等的篇幅叙述了古代埃及、古代印度和古代希腊的历史发展。如果教学中为了说明“多元性”而对每个文明平均用力，面面俱到的结果必然使讲解在课堂时间的限制中浮于表面。教材的内容是为教师的教学提供了一种可选择性。在实际教学中，教师必须要有所取舍，否则就会回到了教教材而不是教历史的老路上。

那么如何才能体现教历史而不是教教材呢？本课的主题是“文明的多元性”，多元就是相异，如何能够说明相异，笔者认为最好的办法就是比较。众所周知，世界古代文明大致分为两种类型，即大河文明和海洋文明，若以海洋文明的典型——希腊文明与大河文明做对比，“多样性”这一主题显而易见可以呈现出来，但这样的呈现是不完整的，因为它无法说明大河文明自身也具有多样性。那么，应该选取哪些大河文明进行比较呢？古代世界的文明最初起源于两河流域与埃及，如吴于廑先生所说，“作为人类文明的开拓者，它们取得的一点一滴的成就都弥足珍贵，它们的经验和创造是后来重大发展的开端，何况就对人类文明的贡献而言，西亚和埃及文明的贡献远远不是一点一滴，而是大河，其影响之大，甚至早在20世纪初年就已经被西方学者承认，……因为希腊罗马文明从西亚

① 徐蓝、朱汉国主编：《普通高中历史课程标准解读》，北京：高等教育出版社，2018年，第102页。

和埃及汲取了太多养分，因此即使是叙述西方世界的古代史，也必须先写古代西亚和埃及，而非凯尔特人或日耳曼人的历史”。[①]吴于廑先生的这段话充分说明了两河文明与埃及文明的特殊地位，既同为原生文明又同为大河文明，若选取它们的典型文明成果进行对比分析，于“文明多样性”的主题论证势必更具说服力。

基于以上思考，在主题内容上，笔者选取了两河文明、埃及文明和希腊文明，因为两河文明和埃及文明是大河文明的典型，希腊文明是海洋文明的典型。而教材中叙述的印度种姓制度在初中教材中已经有非常详细的论述，学生也比较熟悉，可以一笔带过。本课第一标题文明产生的内容实则描述的是文明的共性，可以糅合于比较之中，无需单列。

由此，围绕主题，第1课的内容就整合成“大河文明的多样性”及“希腊文明的独特性”两块内容。教师在教学中完全可以依循这两个主题引导学生进行项目学习。

（二）主题建构的路径

项目化教学中主题建构最常见也最实用的路径有两种：一是，根据单课主题重构教材内容进行项目学习；二是，根据单元结构整合教材内容进行项目学习。

1. 单课主题——以《人民解放战争》为例

《人民解放战争》一课是中国近代史中最难教授的内容之一，因为这段史实包含了和谈与战争，而战争又分为多个阶段。那么，用怎样的视角去把握这段历史才能使针对这场战争的教学更富智慧、更有意义呢？确立单课主题进行探究就是一个好方法。

解放战争作为一部战争史，若从革命斗争的角度考虑，无疑是伟大的、正义的，但若从文明进步的角度来看，无疑是中华民族的一场浩劫。因为这场战争不但对当时社会经济造成了巨大的破坏，它的影响今天依旧

①《统编教材〈中外历史纲要〉（下）的主线与设计——晏绍祥先生访谈录》，《历史教学》2020年第2期。

真实地存在。法国学者费奈隆曾说过："所有的战争都是内战，因为所有的人类都是同胞。"所以对战争爆发原因及影响的反思，才是本课应探究的重点，如何拥有避免战争的智慧和方式，如何反思战争成败的经验教训才是本课应突出的主题。为了突出这样的主题，就需要重新组织教材内容。

《人民解放战争》一课的主要内容包括三大块："争取和平民主的斗争"叙述了国共重庆谈判和政协会议的召开；"全面内战的爆发"叙述了国民党的全面进攻与重点进攻；"国民党政权的统治危机"叙述了国民党倒行逆施所导致的困局；"新民主主义革命的胜利"叙述了中共战略反攻及三大战役的过程，七届二中全会的内容和北平和谈、渡江战役及新民主主义革命胜利的意义。显而易见，教材内容的编排完全按照时间先后顺序，如果课堂教学中按照课本内容的顺序面面俱到，不但教学时间紧迫，课堂的主题也无法突显，因此重组教材就显得至关重要。我们将史实归类整理后就会发现，本课内容的主题呈现就围绕两个字：重庆会谈和北平和谈体现了"和"，战略反攻和三大战役等体现了"战"。以文明史观的视角来看，"和"肯定比"战"更加值得探讨。当然，认识是建立在基本史实基础上的，因此对战争过程的梳理也是必不可少的，如以下结构图：

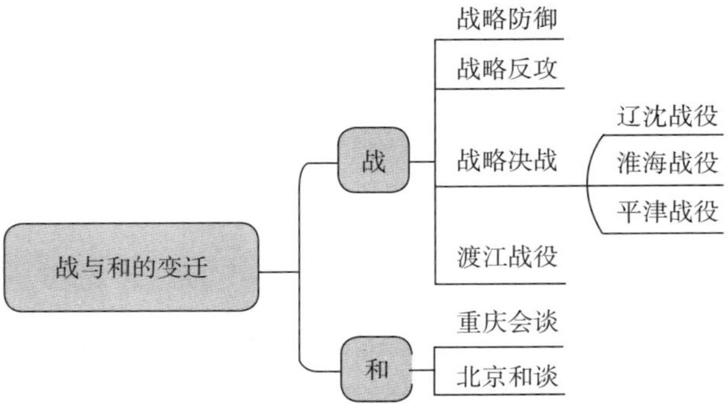

图 4-3 《人民解放战争》内容结构

为了突出主题，可以进行提问：战争是另一种形式的政治，国民党的溃败除了战场上的因素外，还有哪些原因？通过这个问题将教材《国民党政权的统治危机》这一标题的内容整合进去。前事不忘、后事之师，今天的中共已经由革命党转型为执政党，在执政的过程中也需要处理好多方面的关系，因此学生可以进一步去探究“一个执政党该如何巩固自己的执政之基？”这个问题，通过这些讨论，学生看问题的视角已不再是战争本身，而是完全被转移到对战争前因后果的反思上，并能在此基础上初步思考现实问题。如此，历史教育才能充分发挥它提高人文素养的职能。“我们不但要走向未来，更要力求自觉地把握未来之走向”，历史学科巨大的价值正体现于此。

2. 单元主题——以魏晋至隋唐为例

单元主题可以是贯穿单元的一条主线，也可以是重组单元内容后形成的双主题或多主题。例如，统编教材《纲要》(上)第一单元的标题是《从中华文明起源到秦汉统一多民族封建国家的建立与巩固》，包含四节课内容，时间跨度从文明起源一直到汉朝结束，共上百万年，若想在课堂上将如此长的时间内的所有内容都说清楚显然是不可能的，这就需要确立主题，把所有内容统合在主题下来完成。中国原始文化先后经历了旧石器时代和新石器时代，夏、商、西周属于早期国家，春秋战国是列国纷争，秦汉是统一多民族国家的建立，因此第一单元的核心主题就是“从早期国家到统一国家”。

第二单元《三国两晋南北朝的民族交融与隋唐统一多民族封建国家的发展》，这个单元也有四课内容，包含了魏晋南北朝这个大动荡大分裂时期，也包含了隋唐大一统的盛世时期。将两个阶段特征完全不一的时期放在一个单元，显然其具有内在的继承和递进，而这种内在的继承和递进绝不会是一个方面，因此这个单元可以设计为多主题。如民族的融合、制度的创新、江南地区的开发等，任何一个主题都可以从一个视角逐渐扩展至整个历史时期的方方面面。

当然，除却以上两种最实用的建构主题的路径，我们也可以根据时事热点来确立主题，特别是那些具有深刻历史背景的、与现实生活与时代发展紧密联系的，并且能够引发讨论热度的话题，如现代社会的基层治理、疾病与公共卫生、信息技术与人工智能等等，这些主题既可以依托教材背景，又可以为学生提供更多探究的灵活空间。

二、组织项目实施

确立主题可以使项目化研究的目标进行聚焦，但教学活动的组织与实施才是项目化教学目标真正落实的关键。下面，我们依旧以《文明的产生与早期发展》为例来说明项目化教学组织实施的过程。

（一）制订计划

一般此阶段包括四步：学生分组，以小组合作的形式进行学习；学生自主学习，项目开发；学生根据分析结果制订小组的行动计划；学生根据项目要求完成成品制作。计划制订得是否详细、合理关乎实施过程是否顺利及成果产出是否丰硕。《文明的产生与早期发展》一课的主题是“文明的多元性”，进行计划制订时，首先要解构“文明的多元性”。我们可以用一张示意图来表达：

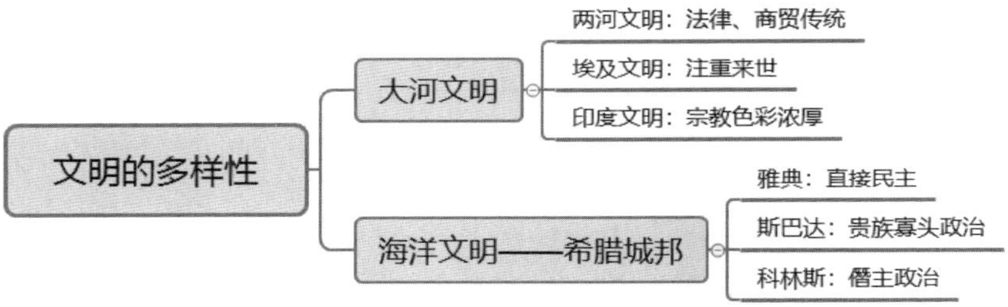

图 4-4　文明的多元性

从图片中我们可以看出，世界古代文明依赖其产生的自然地理环境，根据自然环境不同，古代文明可以分为大河文明和海洋文明，大河文明与海洋文明自然是不同特征的文明，这一差别就可以作为研究文明多样性的项目任务。如果再进一步探究，同为大河文明的两河、埃及和印度，其文明特征是否也具有差异性？同为海洋文明的希腊世界，其内部不同城邦的文明特点是否一样？这些疑问都可以进行项目开发，作为小组合作研究的主题。学生可以在教师的引导下选择自己感兴趣的文明成果进行探究，确定组员各自的任务，安排时间进度表，并预设可能产生的成果。

举例说明：

表 4-4 项目化教学计划制订设计表

项目名称	古代文明的多样性	**项目时长**	三周
学科	高中历史	**学科类型**	学科项目化学习
相关学科	地理	**年级**	高一
项目组成员	学生 A、B、C、D、E、F		
项目综述	本项目基于《中外历史纲要》（下册）第一单元学习内容，紧紧围绕“文明的多元性”这一主题，充分整合历史与地理课程相关内容，立足教材，结合史料，多维思考，多元转化，生发驱动性问题，组织项目小组，开展深度学习实践，转变教学方式，让学生在综合性学习的过程中完成历史的表达，使学生认知能力、合作能力、思维能力、表达能力得到充分的发展。		
驱动性问题	古代文明具有多元性吗? 文明的多元性与哪些因素有关? 如何看待文明的多元性?		
教科书和相关史料	《中外历史纲要》（下册），马克垚《世界文明史》，齐涛《世界通史教程教学参考》，钱乘旦《西方那一块土》等。		
项目研究目标	通过小组分工合作，用不同方式收集与本课内容相关的史料，并提炼史料的核心信息。 能用收集到的史料论证项目主题，解决研究过程中遇到的驱动性问题。 展示小组项目研究的成果，并形成研究报告，尝试论文写作。		
项目阶段性任务	第一周　定主题，寻史料 学生围绕驱动性问题展开自主合作学习，组建研究小组，推荐小组负责人，熟悉相关主题信息，寻找史料并提取可靠的信息。 第二周　立论点，试论证 学生根据自己的兴趣和已有的知识储备，进一步协同研讨，确定主题论点，并尝试用掌握的史料论证确立的论点。 第三周　展成果，尝写作 在前期研究论证的基础上各研究小组借助评价表从研究方法是否科学、研究目标是否解决驱动性问题、研究过程是否明确合理等方面进行组内审辩，最终完成项目学习报告，并在此基础上尝试进行相关论点的论文表达。		
项目学习成果与评价	个人成果：完成关于文明多元性论点的小论文。 团队成果： 以文化传播使者的身份在班级进行各文明的介绍。 制作宣传板报等。 完成一份项目化学习研究报告。		

（二）实践探究

在此阶段中，学生明确自己在小组中的分工以及合作的形式，然后按照已确定的工作步骤和程序工作。教师除了要引导学生明确需要完成的项目是什么，还应该适当地提醒学生先做什么，后做什么。对项目实施步骤要解释清楚，相关史料也要及时给予支撑。根据教材内容和文明的类型，结合学生的兴趣可将研究小组确定为三个，前两组通过史料研习分别探究大河文明和海洋文明的多元性，驱动性问题为大河（海洋）文明的特点是什么？为何会形成这样的特点？第三小组将大河文明与海洋文明进行对比探究，驱动性问题会如何看待文明的多样性？

第一组：项目分主题——大河文明的多元性

【史料研习一】两河文明

众所周知，人类文明的第一缕曙光在两河流域升起。约公元前3500年的苏美尔文明是“第一个发展出集约化农业、文字、法律的文明，也是最早对社会进行阶级划分、建立奴隶制度及有组织性的社会福利制度的文明”，此后的“阿卡德王国是两河流域历史上第一个统一的中央集权国家。经乌尔第三王朝到古巴比伦的汉谟拉比时代，两河流域文明逐渐进入鼎盛时代”①。显然，早期两河文明由苏美尔开始，至古巴比伦达到鼎盛，它由不同的民族、政权和国家形态共同组成，因此两河文明的特点纷繁复杂。那么，如何通过史料来研习两河文明呢？从学生比较熟悉的内容入手显然更有利于理解，教材所提供的信息无疑是我们剖析两河文明突出特点的入口。

教材中描述的比较详细的两河文明成果是《汉谟拉比法典》和《吉尔伽美什》史诗。《汉谟拉比法典》由序言、正文和结语三部分组成，可以阅读这样一段材料：

材料一　《汉谟拉比法典》前言：

安努和恩利尔为人类福祉计，命令我，荣耀而畏神的君主，汉谟拉比，

① 亓佩成：《古代西亚文明》，山东：山东大学出版社，2016年，第4页。

发扬正义于世，灭除不法邪恶之人，使强不凌弱，使我有如沙马什，昭临黔首，光耀大地。[①]

从这段材料我们可以看出，以汉谟拉比为代表的“古代美索不达米亚的君主将自己看作是为臣民谋求公正和正义的代表。正义和公正是他们神性特征的表现，太阳神沙马什就是正义的保护者。”[②] 为了表现自己的公正，很多统治者就通过编撰和颁布法典来体现。因此，《汉谟拉比法典》不是个例，两河流域还有许多其他的法典，如《乌尔纳姆法典》《利皮特·伊什塔法典》《埃什鲁那法典》等。由此，学生很容易就可以判断出两河文明的第一个特点，那就是统治者比较重视法律。

那么，这些法典的具体内容又是什么呢？依旧以《汉谟拉比法典》为例，其正文包括 282 条法律，对刑事、民事、贸易、婚姻、继承、审判等制度都做了详细的规定。可以节选具体条款进行探究：

材料二　《汉谟拉比法典》节选：

第 7 条：自由民从自由民之子买得或为之保管金或银，或奴隶，或牛，或羊……或无论何物，而无证人及契约者，是为窃贼，应处死。

第 21 条：自由民侵犯他人之居者，应在此侵犯处处死并掩埋之。[③]

从材料可知，第 7 条强调了经济活动中的证人和契约意识，第 21 条强调了保护私有财产的重要。那么，统治者为何乐于修法典呢？因为“在阿摩利人的统治下，富有活力的私人经济和贸易非常普遍。《汉谟拉比法典》的制定或许就是为了保护私有财产，并按照巴比伦契约精神规定经济秩序和私人经济生活”。[④] 显然，法典的内容体现了两河文明是一个商贸经济关系发达的文明。商贸经济的发达依赖于农产品和手工产品的丰富，这必然是生产力不断发展的结果。两河的人们努力生产创造物质产品，经商贸易积累资本财富，而这一切都受到国家的严格保护，这样一个充

① 齐涛：《世界通史教程教学参考·古代卷》，济南：山东大学出版社，2005 年，第 42 页。
② 马克垚：《世界文明史》，北京：北京大学出版社，2016 年，第 43 页。
③ 齐涛：《世界通史教程教学参考·古代卷》，济南：山东大学出版社，2005 年，第 46—48 页。
④ 亓佩成：《古代西亚文明》，济南：山东大学出版社，2016 年，第 62—63 页。

满活力的文明理应是一个重视现实并保持睿智乐观的文明，可是事实真的如此吗？

材料三　吉尔伽美什，你将漂向何方？你所追求的永生，永远无法得到，因为上帝造人之际，就让死亡与人相伴。

吉尔伽美什，穿上新衣，沐浴首身去吧！凝望挽着你手的儿女，愉悦怀中娇妻，人应关心的，唯有这些事。[①]

这段材料取自《吉尔伽美什》史诗，吉尔伽美什是传说中的英雄，然而诗句中却透露着浓浓的悲观情绪，马克垚先生说：“苏美尔人对来世的看法相当悲观……不注重后事的操办，没有加工木乃伊、精心营造陵墓的习惯，随葬品也较少。”[②]这样的悲观情绪会让学生产生深深的疑惑：两河文明为何会有这样的特点呢？教师可以提供最后一段材料：

材料四　两河流域由不同的地域组成……南部由沼泽和宽广、平坦而贫瘠的平原组成，各城市沿河渠而建并逐渐发展起来。由于自然资源匮乏，与周边国家的商贸异常重要。

两河地区那难以预测的洪水，使得河畔的农人饱受命运的捉弄，战争的频繁更增加了对命运无常的感叹。[③]

从这段材料对两河流域地理环境的描述中，学生会发现两河流域的南部是宽广、平坦而贫瘠的平原，因为宽广、平坦缺少天然的屏障，所以战争频繁、社会动荡；因为自然资源的匮乏，所以与周边国家商贸往来密切；因为底格里斯河和幼发拉底河严重的洪水泛滥及土地盐碱化，使得当地的人们内心充满了命运无常的悲观情绪，原来，两河文明的特点是由其自然地理环境决定的。

短短几段材料，从书本知识入手，从不同角度展现了两河文明的特色，学生最终可以认识到文明的特点与其所在的自然环境休戚相关。

---

① 佚名著，赵乐甡译：《吉尔伽美什》，南京：译林出版社，1999年，第12页。
② 马克垚：《世界文明史》，北京：北京大学出版社，2016年，第32页。
③ 吴宇虹等：《泥板上不朽的苏美尔文明》，北京：北京大学出版社，2013年，第3页。

【史料研习二】埃及文明

两河文明因为对来世充满悲观，所以更加关注现实。那么有没有文明是以关注来世为中心的呢？显然，埃及文明就是这样一个文明，“关心来世，为来世——尤其是国王的来世——做好物质方面的准备，是埃及宗教信仰的一个主要特征”。[①] 在古代埃及，“法老被等同于神，对神的崇拜也波及对法老的崇拜，既然国王等同于神，那么他就权力无边、法力无边，这是理所当然的事”。[②] 制作木乃伊和建造金字塔就是为来世做好准备最好的证明。初中教材对金字塔有所介绍，但鉴于金字塔目前还有太多的未解之谜，因此笔者建议教师在教学中可以选取其他具有典型意义的考古成果引导学生进行探究，纳尔迈调色板就是一个不错的选择。

图 4-5　纳尔迈调色板

1898 年，英国埃及学家在上埃及的一个早期神庙废墟中发现了一块绿灰色的盾形石板，这就是通常被认为展现了上下埃及统一的纳尔迈调色板。调色板正面描绘有两只狮头怪兽，它们的长颈交织在一起构成了一个浅盘。两个怪兽的上面，国王纳尔迈头戴红冠，和他的随从一起巡视战场。调色板的另一面是纳尔迈更高大、更强壮的形象，这次他头戴白冠，右手高举权标，左手抓起跪在地上的敌人的头发。在国王面前，鹰神荷鲁斯盘旋着，用一根系在敌人鼻子上的绳子抓住这个被抽象化的俘虏。这样的图案，实际上确立了国王与荷鲁斯之间的某种密切联系，体现了

① ［美］斯塔夫里阿诺斯：《全球通史》，北京：北京大学出版社，2006 年，第 64 页。
② 钱乘旦：《西方那一块土》，北京：北京大学出版社，2015 年，第 37 页。

古埃及人王权观念的象征和隐喻的复杂性。项目研究中，我们可以直接让学生观察调色板上的图案，然后寻找可以佐证的史料：

材料一　故事由国王开始。他是荷鲁斯神的化身，是那个曾经并且现在还是要通过战胜父亲的死亡而取得王位的儿子。……他的职责的合法性在于：这一统治权……原始之神曾在他的后代身上实施……他们是奥赛里斯之子荷鲁斯的化身。①

法老在埃及实行专制统治是学生在初中就获得的认知，通过阅读上面的材料，学生可以进一步发现，在埃及的创世神话中，埃及人相信国王是冥神奥赛里斯之子荷鲁斯的化身，法老是神在人间的代理。那么，这体现了埃及文明的什么特征呢？学生很容易就可以得出“人神合一”的结论。在此基础上，教师可以提供材料：

材料二　对埃及人而言，每位新国王继位都代表着一个新的开始，不仅在哲学上，在现实中也是如此，……几乎每位国王在其任期内都在重复着同样的关于王权的神话。②

材料三　埃及文明是稳定而保守的，此外它还是一个自信而乐观的文明。关心死亡，为来世做好物质方面的准备，是埃及宗教信仰的一个主要特征。③

既然每一位法老都是人神合一的，新法老继位都是一种重新开始，那么人生就是循环的。分析到这儿，教师就可以引导学生得出埃及文明的另一个重要特点——拥有循环的时间观。生死既然可以循环，来世自然就比现世更加重要，所以埃及是一个以来世为中心的稳定而乐观的文明，这就非常容易理解了。

可是，同为大河文明，两河文明与埃及文明的特点为何却如此不同呢？分析到这儿，学生自然而然会产生这样的疑问，教师可以不失时机

① ［德］简·阿斯曼：《在古埃及寻找神》，转自［英］伊恩·肖：《探秘古埃及》，北京：外语教学与研究出版社，2015 年，第 139 页。

② ［英］伊恩·肖：《探秘古埃及》，北京：外语教学与研究出版社，2015 年，第 117—118 页。

③ ［美］斯塔夫里阿诺斯：《全球通史》，北京：北京大学出版社，2006 年，第 64 页。

地指引学生进一步分析对比：

材料四　古代埃及在地理位置上有相对的孤立性。……由于沙漠屏障对大规模的民族迁徙和入侵起着阻隔作用，使得古埃及社会有一个相对稳定的政局。埃及沙漠少有雨水……水源是许多条热带河流，它们分布的范围很广……很少有强烈的泛滥。尼罗河的定期泛滥为河谷带来大量的沃土，而且保障了这种条件的持续，即避免了困扰两河地区的土地盐碱化问题。①

与两河文明不同，埃及是尼罗河的馈赠，虽然同为大河，但两河与尼罗河的“脾气”却完全不同，对文明造成的影响自然也不尽相同。通过文明的相异性和对其产生于不同时空环境的对比，课程标准中“认识古代文明发展的不同条件”这一要求，学生必然已有清楚的认识。

第二组：项目分主题——海洋文明的多元性

【史料研习】克里特－迈锡尼文明

材料一　这座宫殿不但占地广阔，建筑技术也相当精良，宫中陶制排水管、上釉窗户、巨大酒窖等。……由此宫殿的大小来判断，它应该是一个复杂的行政管理中心，说明当时克里特的君王能控制大规模的人力和物力，很可能已统一全岛及周边岛屿，建立起一个海上帝国。

材料二　迈锡尼时期的典型墓葬形式是蜂巢状的“圆顶墓”，最有代表性的是迈锡尼的“阿伽门农墓冢”。在随葬品中有大量的武器，如大盾牌、矛、头盔、匕首、战车、投石器等。这些器物及墓室壁画表明，迈锡尼国王及其下属主要从事以掠夺财产、人口、牲畜、土地为目的的战争。②

通过上文展示的史料，研究小组可以明确克里特－迈锡尼文明存在宏大的宫殿和拥有巨大权力的国王，并且通过战争来获取财富。

材料三　由于各个城邦有不同的政治经济背景，其政体的发展也各有特色。有些城邦建立起由少数贵族掌握政权的“寡头政治”，另外一些城邦则

① 马克垚主编：《世界文明史》，北京：北京大学出版社，2016年，第70—73页。
② 马克垚主编：《世界文明史》，北京：北京大学出版社，2016年，第221、223页。

建立起相对民主的贵族统治。在这个过程中当社会矛盾无法调和时，就会出现僭主制，即出现独裁者。[①]

上述史料体现了希腊城邦文明不同的政体模式，所谓的民主政体并不能代表希腊的全部，在希腊世界内部，民主政体的代表是雅典，而斯巴达是贵族寡头政治，科林斯是僭主政治，而不同的政体其运行其实有很大的差别。同为海洋文明，不同时期、不同城邦所呈现的文明特征也是不一样的，因此海洋文明自身亦具有多样性。

第三组：项目分主题——文明多样性之对比

围绕“文明的多样性”这一主题，前文已经论述了大河文明的多样，然而大河文明类型之外，世界古文明中还有以希腊为代表的海洋文明。对于希腊文明与大河文明的相异性，不用进行过多分析，学生也可以有基本的认识，教学中教师只要向学生强调清楚，希腊的自然环境表现为山多、岛多，在这样的环境中形成了独特的希腊城邦制度，而其中最为后世津津乐道的是雅典的城邦民主制度。雅典的民主制度在古代世界中确实非常独特，虽然其有诸多弊端，也并非始终存在，但它毕竟造就了一个宽松的社会氛围，并给后人留下了诸如史学、文学、戏曲、哲学、数学等众多的成果。基于此，希腊在希波战争中为唤起全体希腊人的共同意识，制造出一个“他者”，“然后把他矮化、丑化、妖魔化；别人矮了，自己就高了，从而为打压、欺凌其他人寻找意识形态基础”。[②]最早把波斯乃至整个东方说成罪恶的就是希腊人，这成为今天西方学界“东方主义”理论的源头。希腊文明果真优越于西亚文明吗？研究小组可以借这个问题的探究进行新一轮对比，以激发自己的批判性思维。批判性思维作为一种高级的思维能力和可贵的精神特质，于中学历史教学的价值已经得到学界广泛认可和推崇。项目化教学中，我们不能只从历史情境中引发学生的感性认识，我们还要站在思维提升的高度激发学生的理性认知，如此才更有利于历

① 马克垚主编：《世界文明史》，北京：北京大学出版社，2016年，第229页。
② 钱乘旦：《西方那一块土》，北京：北京大学出版社，2015年，第65页。

史核心素养的达成。

根据批判性思维形成的一般规律，批判应从质疑开始，从文明的源头和早期发展来看，希腊文明优越吗？探寻希腊文明，我们就要再回到克里特—迈锡尼文明：

材料一

克诺索斯宫殿北入口

克诺索斯宫殿御座室

19 世纪 70 年代，德国人谢里曼在土耳其西北部发掘了迈锡尼，将一个不为人所知的文明展现在世人面前。1900 年，英国学者伊文思在克里特岛上发现了克诺索斯的巨大宫殿，又将一个更为古老的文明展现在世人面前。从考古图片中，我们可以清楚地看到，克里特文明展现出的庞大的宫殿群说明“以克诺索斯为中心形成了某种权力和权威机制，可以组织和调动社会的大量资源，建造和维持一个大型权力中心的运作”，宫殿仪式厅面对正门靠墙中央的是一个高靠背雪花石膏宝座，两侧和周边靠墙的是对称的没有靠背的石头长凳，这进一步说明“克诺索斯宫殿是由一个地位超群的统领为首的，很有可能就是一位王”。[1] 顾准先生说，在这些地下证据面前，我们无论怎样也不能相信，这些“王”是氏族民主制度下的民选领袖，我们不能不肯定，他们……是“受命于天”，统治剥削大批劳动人民的“王”。[2] 显然，在克里特—迈锡尼时代，希腊文

① 黄洋：《古代希腊文明》，转自上海博物馆：《博物馆与古希腊文明》，北京：北京大学出版社，2016 年，第 5 页。

② 顾准：《顾准读希腊史笔记》，北京：民主与建设出版社，2015 年，第 26 页。

明的政治形态与古典时代明显不同。

对图片分析至此，学生的脑海里必然会有质疑，教师可以继续提供两组材料进行对比论证：

材料二　迈锡尼文明……和西亚及埃及的文明有更多的相似之处。它那强大的君主制度、官僚机器、国家对经济严密的控制，以及浓厚的军事色彩……确实把它与希腊城邦区别开来。①

在许多城邦中，长老会和公民大会对国王有很大的制约能力，国王在外交政策上不得不听命于长老会。各城市的司法审判权总是掌握在长老会手中。②

材料三　绝大多数人是以耕作土地以收获果实来获得生活资料。③

在苏美尔各城邦经济生活中，神庙的作用十分重要，它是城邦的经济中心……已经拥有较多的土地……神庙经济内部分工细密，有农业、畜牧业……④

以上两组材料，从政治和经济两个角度，分别对希腊文明与西亚文明进行了阐述。从第二组材料中我们可以看到，迈锡尼文明实行的是强大的君主制度，而苏美尔文明的长老会和公民大会对王权有很大的制约作用。从第三组材料中，我们可以看到，无论是雅典还是苏美尔，其经济基础皆为农业。显然，希腊文明在早期发展的过程中与西亚文明相比具有许多的相似性，即使是古典时代的城邦民主制度也只是希腊历史在某一个时期的特殊产物，并不能代表整个希腊文明。研究中，还可以再补充一些艺术文化方面的图片进行对比，如文字、壁画、雕塑、建筑等，让学生对两种文明的成果有更直观的印象。至此，学生的脑海中必然已对“希腊文明优越于西亚文明”这一论题进行了反思，在此基础上形成“文

① 晏绍祥：《考古学与古希腊文明研究》，转自上海博物馆：《博物馆与古希腊文明》，北京：北京大学出版社，2016 年，第 27 页。
② 吴宇虹等：《泥板上不朽的苏美尔文明》，北京：北京大学出版社，2013 年，第 23 页。
③ [古希腊]亚里士多德：《政治学》，北京：中国人民大学出版社，2003 年，第 14 页。
④ 吴于廑、齐世荣主编：《世界史·古代史编》，北京：高等教育出版社，1994 年，第 61 页。

明具有多样性，各种文明和文化具有同等价值，并无优劣高下之分”这一价值观念，已无需教师和教材的提示，驱动性问题自然而然也就得到解决。

赵亚夫先生认为，教育必须应对社会和经济的复杂变化和由此带来的各种观念冲击。突出学生自身思考的价值，即是教育生长的自动调节。不管教师是否有足够的把握去教会学生思考的方法，也不论教师所教的思考方法有多少可以在解决学生日常生活难题时立竿见影，指导学生“会学”的观点还是替代了让学生“学会”的观点。批判性思维则于技能和态度两方面，提供了多样且巧妙的“会学”方法。[1]可见，提倡批判性思维，是在历史教学中寻求创新的思路和方法，也是落实课程标准的基本要求。

（三）评估总结

在项目完成后，教师要与项目小组一起及时进行总结评价，以促进学生的进一步发展。先由学生对自己的工作结果进行自我评估，然后在小组内互评，再由教师进行检查评分。师生共同讨论，评判项目工作中出现的问题，学生解决问题的方法以及学生行动的特征。通过对比师生评价结果，找出造成结果差异的原因。教师可以给予项目小组指导性的评价标准。

表 4–5　项目化学习评价表

<table>
<tr><td>项目主题</td><td></td><td>研究方向</td><td colspan="2"></td><td>姓名</td><td></td></tr>
<tr><td>评价指标</td><td>评价内容</td><td colspan="2">评价要点</td><td>教师评价</td><td>组员评价</td><td>自我评价</td></tr>
<tr><td rowspan="3">实践探究能力</td><td>收集整理史料</td><td colspan="2">根据研究主题选取有价值的史料，并对史料进行分类整理。</td><td></td><td></td><td></td></tr>
<tr><td>提取信息</td><td colspan="2">能够准确提炼史料所呈现的信息，并能够应用于论文写作。</td><td></td><td></td><td></td></tr>
<tr><td>解决驱动问题</td><td colspan="2">主动解决项目研究中的驱动性问题。</td><td></td><td></td><td></td></tr>
</table>

① 赵亚夫：《批判性思维决定历史教学的质量》，《课程·教材·教法》2013 年第 2 期。

续表

评价指标	评价内容	评价要点	教师评价	组员评价	自我评价
学科素养	历史思维	拥有时空观念，能够用唯物史观解释历史现象。			
	批判性思维	对史料中呈现的观点进行合理的质疑和论证。			
	历史写作★	论点合理，观点明确，史论结合，逻辑清晰，表达清楚，论证有力。			
团队协作	积极性	积极主动参与项目，论证中积极建构观点。			
	参与性	全程参与项目研究，按计划高效完成研究任务。			
	合作性	乐于交流与表达，具有团队合作精神。			

★需要指出的是，这份评价表虽然囊括了项目化学习过程的基本维度，但本教学模式最重要的目标是培养历史的写作能力，因此在对项目成果进行评价时，应格外关照历史写作这项成果，实践中可以对评价标准进一步细化，下文将有具体论述。

（四）成果表达

成果表达环节主要侧重于在项目实施结束后，将研究的成果通过历史小论文的形式进行展示，鼓励优胜者，同时也实现资源共享。历史表达是一项重要的历史学习技能，也是本教学法目标指向的重要体现，学生能写出一篇观点明确又逻辑清晰、论证充分的论文，其价值将远远胜于填写一份项目报告。

1. 学会历史的表达

任何形式的探究成果最终都需要通过历史的表达呈现出来。高质量的历史表达必须做到内容和形式的完美结合。宋人吴缜在《新唐书纠谬》中说："夫为史之要有三：一曰事实，二曰褒贬，三曰文采。有是事而如是书，斯谓事实。因事实而寓惩劝，斯谓褒贬。事实、褒贬既得矣，必资文采以行之，夫然后成史。"对于高中生而言，不可能要求他们像史学家一样阐述历史，但是用历史的论证和分析对项目成果进行表达，并最终形成小论文是项目化教学成果评价的重要形式。一般来说，历史的表达要求学习者必须掌握的表达手法包括阐述、引用和论证。

阐述，意为阐明陈述，通过详细的解释、述说，使人明白历史现象或道理。阐述是历史写作的基本方式之一，它以追求准确可信的表述为目标，以时间、空间、人物、史事等为要素，能将历史中零散的信息整合成一个具有逻辑的情节结构。阐述本身具有表达论点的功能，历史情节的展开始终指向阐述者的核心论旨。阐述历史的常用手法有叙述和描写。叙述指作者对历史人物、历史事件所做的交代，是一种记人叙事并陈述其来龙去脉的表现方法。如：

明代八十九名状元中，江南八府占了二十一人，占近四分之一。清代的江南进士更有所增加，一百一十二名汉人状元中，江南各府合计达五十八人，占半数以上。状元如此比例，就更不用说进士举人了。所以，江南进士集中呈现出科名层次高，地域分布不均衡，科名集中于有限的望族之家等特点。

——摘编自《明清江南进士数量、地域分布及其特色分析》

描写指用形象生动的语言对历史人物或景物做具体的描绘和摹写，使阅读者通过阅读，凭借自己的生活体验和想象力，把文字在意念中重塑成具象的画面，从而产生如临其境、如见其人的效果。[①] 如：

据说，杨简（1226 年卒）初见陆九渊，问："如何是本心？"……陆九渊引《孟子》的"四端"为答。杨简说他儿时已读此段，但是还是不知道如何是本心。杨此时任富阳主簿，谈话中间还要办公，断了一场卖扇子的官司。事办完了，又面向陆九渊，再问这个问题。陆说："适闻断扇讼，是者知其为是，非者知其为非，此即本心。"杨说："止如斯耶？"陆大声说："更何有也！"杨顿悟，乃拜陆为师。

——摘编自《中国哲学简史》

引用，是历史表达中必不可少的呈现方式。历史的研究依赖于史料，

① 陈国兵主编：《历史探究》，南京：江苏人民出版社，2022 年，第 66 页。

由一份史料得出一个结论，学习者在阐述的过程中必然要引用史料进行说明，在论述中必然要引用史料作为论据，通过注释的形式对引用的史料、时人或前人的研究成果或历史概念进行解释，既可以体现学习者探究态度严谨，引证有据，也可以对阅读者提供引证的线索进行更深入的探究。

论证指用一个或一些真实的命题确定另一命题真实性的思维形式。论证是论文写作的骨干，也是体现论文精髓的部分。论证由论点、论据和论证方法构成，论点又叫论断，是作者所持的观点，在逻辑学上，论点就是真实性需要加以证实的判断。它是作者对所论述的问题提出的见解、主张和表达的态度。它是整个论证过程的中心，明确地表示了作者赞成什么，反对什么。

论点的提出必须要有根据，即必须列举出足够多的事实或正确的道理证明论点的正确性。用来证明论点的事实和道理就叫作论据。依据其本身的性质和特征，可分为事实论据和道理论据两类。事实论据是对客观事物的真实描述和概括，具有直接现实性的品格，因此是证明论点的最有说服力的论据。道理论据是指那些来源于实践，并且已被长期实践证明过和检验过，断定为正确的观点。

论证方法是指论据和论题之间的联系方式，即论证过程中所采用的推理形式，它所回答的是“怎样用论据论证论题”的问题。一个论证过程可以只包含一个推理，也可以包含一系列推理。在论证的过程中，论据必须权威可靠，论证必须符合逻辑，尊重历史表达的规范，如紧紧围绕中心论点采用归纳、演绎、比较等推理方式。需要注意的是，并非材料越多论证就越完美，论证的目的是要说明事实，建构自己的观点，所以论证不仅要符合历史学科的方法特点，更要运用批判性思维反思他人的正确或错误，并在此基础上建构自己的观点。如史学家吴宗国先生曾对明代的皇权专制表达了以下观点：

明太祖废丞相，权分六部，明成祖设内阁等措施，都使专制皇权达到前所未有的高度，但从政务运行的程序上看，虽然最后的决定权在皇上，内阁却可以通过拟旨在很大程度上影响和左右皇帝的决策。此外，廷议、廷推等各项制度亦渐次形成，这些在皇权与官僚政治之间建立了一种新的平衡。明代的士大夫集团在与专制皇权的对抗中表现出强烈的独立意识和捍卫道统的牺牲精神，“明之廷杖虽酷，然正人被杖，天下以为至荣，终身被人倾慕，此犹太祖以来，与臣下争意气，不与臣下争是非所养成之美俗”。由于群臣敢于以死直谏，皇帝不合理的行为就会受到官僚集团以不合作的方式加以抵制，“多少年来，文官已经形成一种强大的力量，强迫坐在宝座上的皇帝在处理政务时摈弃他个人的意志。皇帝没有办法抵御这种力量，他实际所能控制的至为微薄。名义上他是天子，实际上他受制于廷臣”。因此，皇权和官僚并不完全是单向的控制关系，过分地强调皇权的强大未必合乎明朝的实际，明代的特点与其说是集权，不如说是分权，是中央决策群体的扩大、行政权的进一步增大和政务处理的高度程式化。纵观整个明朝，真能实现专制主义的皇帝实为少数。

——摘编自《中国古代官僚政治制度研究》

这段表达中，开篇两句话“明太祖废丞相，权分六部，明成祖设内阁等措施，都使专制皇权达到前所未有的高度，但从政务运行的程序上看，虽然最后的决定权在皇上，内阁却可以通过拟旨在很大程度上影响和左右皇帝的决策。此外，廷议、廷推等各项制度亦渐次形成，这些在皇权与官僚政治之间建立了一种新的平衡”属于阐述，它表现了明代历史中存在的史事。然后作者引用了其他学者如孟森、黄仁宇的观点进行观点论证，并且推论出“皇权和官僚并不完全是单向的控制关系，过分地强调皇权的强大未必合乎明朝的实际，明代的特点与其说是集权，不如说是分权，是中央决策群体的扩大、行政权的进一步增大和政务处理的高度程式化”这一结论，最终在表达的最后，“纵观整个明朝，真能实现专制主义的皇帝实为少数”，作者建构了自己的观点。整段表达，作者没有相信明清专制皇权达到顶峰的结论，而是建立在理性思考的基础上做出了自己的判断，充分体现了批判性思维。

2. 训练表达能力的步骤

提高学生的历史写作能力不是一蹴而就的，它是一个循序渐进的过程。教学实践中，我们可以遵循“一三九”的操作方法。所谓“一”就是确立一个中心论点，一篇论文要有一个核心论点，教学中首先要反复训练学生能够用一句话高度概括想要论证的核心论点。所谓“三”就是在一个核心论点的基础上分解出三个分论点，这三个分论点必须是不同角度的、可以共同支撑中心论点的，如政治、经济、文化、交通、军事、民族关系、对外关系、国内的、国际的、必要性、可能性、原因、影响、积极的、消极的等，都可以作为分论点形成的角度，某种程度上来说，这也是训练学生历史思维的一种表现。所谓“九”，就是训练学生用三句话说清楚一个分论点，所谓摆事实讲道理，这三句话可以一句史实，一句分析，一句结论。通过九句话，把三个分论点说清楚，这样一篇小论文的论证框架就已经搭建完成。最后，用一小段总结陈词，再次表明所要论证的核心观点，一篇完整的小论文就完成了。示例如下：

不同的时空环境决定了古代文明的发展具有多元的特点。

大河文明具有多元性。两河地区难以预测的洪水对农业的破坏，使得河畔的农民饱受命运的捉弄；土地盐碱化迫使人们离开家园，宽阔平坦的平原缺乏自然的屏障，使得战争频繁，更增加了人们对命运无常的感叹。这样的自然环境使得两河文明成为一个悲观的文明，人们更关心现实的生活，《吉尔伽美什》史诗的内容充分地说明了这点。由于自然资源匮乏，两河地区与周边国家的商贸就显得异常重要，因此两河文明重法律、重契约，以此来协调社会关系，保障商品经济的发展，所以两河地区出现了《汉谟拉比法典》。

埃及文明是尼罗河的馈赠。尼罗河定期的泛滥给下游地区带来了肥沃的土地，河谷、沙漠作为天然的屏障保护了埃及的安全，使它远离战火。因此埃及文明是一个乐观的文明，人们相信人生就像尼罗河的泛滥一样周而复始，具有生命循环的观念，所以它的宗教关系发达，人们关心来世，埃及人用大量的时间建造金字塔、制作木乃伊就是最好的证明。

和古代东方文明的大河流域、沃野千里的特色相比，希腊则是以地小山多、海岸曲折、岛屿密布作为其地理环境的特色，海洋主宰了它的气候，也在一定程度上影响了它的历史与文化。希腊形成了众多的具有小国寡民特点的城邦，各城邦结合自身的特点选择了不同的政治体制，其中以雅典的民主制度、斯巴达的寡头政治和科林斯的僭主政治最具代表性。

总之，文明在产生与发展过程中所形成的特点，与其所处的自然环境高度相关，因此不同的时空环境决定了古代文明的发展具有多元性。

需要指出的是，有逻辑、有条理的论证表达是历史学习能力综合呈现的最终成果，它是建立在前期阅读史料、整理信息、提问释疑、分析推理等一系列环节之上的，能够进行历史的表达绝非一蹴而就。所以，从具体的操作步骤来看，结合高中历史教学的现状，建议从高一下文理选科后就进入系统的项目训练阶段。这个阶段，学生在历史学科的学习上可供支配的时间开始变得相对宽裕，课堂教学中教师可以有意识地给予学生充分的阅读训练，先概括史料论述者所要表达的观点，然后进行课堂讨论，尝试用最简短的语言表达自己的观点，继而进行分析论证。

（五）基于批判性思维的写作评价

历史论文的写作是历史学习中多项能力的综合体现。在近些年来的高考测评中，国家卷和地方卷无一例外地出现了开放性试题，其要求多为自选视角、史论结合、逻辑清晰。从这些要求来看，开放性试题本质上是一种“论文”题，既然高考测评高度关注论文写作，教学中就要制订相应的评价量表，如此可以使学生更加明确历史小论文的要素和标准。历史论文写作的每个环节都离不开批判性思维，在评价标准中自然也要渗透进对批判性思维的评价。

将批判性思维的理性精神和高考测评的一般标准相结合，评价标准可以从审题、立论、论据、论证推理和行文结构几个方面展开，具体见下表：

表 4–6　论文写作评价量表

环节	评价要点	具体标准
审题	准确性 全面性	1. 是否明确材料所要表达的信息？ 2. 是否理解材料中的概念和内涵？ 3. 是否能够提炼材料中的核心信息或关键语句？ 4. 是否清楚题目设问的指向？ 5. 是否清楚命题人的出题意图和考查要点？
立论	客观性 科学性 指向性	1. 论点是否与材料主旨密切相关？ 2. 论点陈述是否明确清晰？ 3. 论点是否客观中肯？ 4. 是否存在自我欺骗？ 5. 论点本身是否存在科学性错误？
论据	充分性 真实性 关联性	1. 选择论据的依据是什么？ 2. 论据本身是否是真实的、科学的？ 3. 论据于论点而言是否充分必要？ 4. 论据的表达是否简明清晰？
论证 推理	逻辑性 客观性 实证性	1. 是否可以通过推理实现从论据到论点的进阶？ 2. 论据与推理出的结论是否相符合？ 3. 推理是否前后一致？ 4. 论据是否有足够的强度支持推理出论点？ 5. 推理的过程是否符合逻辑规范？ 6. 推理时隐含的前提、假设和观念是否客观公正？
行文 结构	完整性 逻辑性	1. 行文结构是否清晰完整？ 2. 前后表述有无自相矛盾？ 3. 论据与结论之间是否存在因果关系？ 4. 段落内部或段落之间是否逻辑顺畅？

从表格罗列的要点和标准中，我们可以清晰地看出论文写作需要的素质和批判性思维者的素质高度契合，这包含两个方面：其一，理性精神。论文写作需要的不仅是生动清晰的叙述，更需要判断真假的理性、公正客观的理性、自我反思的理性、独立思考的理性和追求真理的理性，失去这些理性，哪怕叙述的内容再生动、再具体，论文也是没有灵魂的，甚至

是胡编乱造的。而一个合格的批判性思维者应该具有谦逊、勇气、同情、独立、诚实、坚持、理性、公正等理智素质，两者在精神指引上完全一致，因此，一个优秀的写作人一定是一个具有批判性思维的人。其二，衡量标准。根据前文所述，一篇优秀的论文必然论点科学、观点明确、论据充分、史论结合、逻辑严密、表达清晰、论证有力。美国批判性思维研究中心认为所有的思维质量都可以借助清晰、准确、精确、相关、深度、广度、逻辑、重要、公正、完整这十个理性标准来评估。“论点科学、观点明确”意味着“重要、公正”，“论据充分、史论结合”意味着“相关、深度、广度、完整”，“逻辑严密，语言清晰，论证有力”意味着“清晰、准确、精确、逻辑”。显然，衡量批判性思维的理性标准同样适用于衡量论文写作的成功与否。此外，我们在教学中经常会发现一个现象，当我们向学生提出要求或进行解释时，学生经常会回答一句“我觉得……”，这就说明学生是常常以自我为中心来决定相信什么和拒绝什么的，也就是通常所说的自我中心思维。所以，引入批判性思维的理性标准有助于学生削弱自我中心思维，因此，将系统理论化的批判性思维的标准应用于高中历史论文写作是极具价值和意义的。

总之，批判性思维与历史教学深度结合的完成是一个长期的过程，将批判性思维教育引入高中历史学科教学，基点是基于学生提问、基于观点碰撞、基于理由充足、基于心灵开放，宗旨是指导学生在质疑中选准角度，在追问中获得深度，在辩驳中形成气度，最终使论文写作成为师生相互支持、共同攀升的精神历程，项目化写作正是实现这一历程的系统教学方法。

第五章　基于场景的沉浸式教学案例

沉浸式教学是指通过虚拟技术为学习者提供一个接近真实的学习环境，借助虚拟学习环境，学习者通过高度参与互动，演练而提升技能。在历史教学中，沉浸式教学就是让学生穿越时空，身临其境地体验历史。教师可以通过多种手段重构历史画面，让学生感悟历史的真实性，感悟过程中要融合角色投入、问题解决、素养培育等多重要素，它可以训练学生在场景中定位时空的能力，理解并思考场景中的信息，对这些信息进行理性分析和客观评价，从而感悟历史中的真伪、善恶、进步和倒退，形成正确的价值观念。因此，从本质上讲，沉浸式教学是情境教学的一种独特形式。

作为一种特殊的情境教学，沉浸式教学更直观、更生动，更容易引发学生在情感上的共鸣，同时也可以通过问题设计完成课堂教学的各项目标，所以沉浸式教学可以让高中历史课堂更丰富精彩。以下是两位一线教师对沉浸式教学的思考，以供读者探讨。

第一节　一场皇家纠葛引发的司法辩论

一、设计理念

《普通高中历史课程标准》明确提出了“重视以学科大概念为核心，使课程内容结构化，以主题为引领，使课程内容情境化，促进学科核心素养的落实”[①] 的要求。在此背景下，近年来大单元教学、大教材观等突

① 中华人民共和国教育部：《普通高中历史课程标准》（2017 年版 2020 年修订），北京：人民教育出版社，2020 年，第 4 页。

破课时限制的更具宏观整体视野的教学理论成为研究热点。

传统的课时教学，割裂了历史本身的联系性，造成知识点的零散和不易整合。而在高考的实际考察中，少以孤立的知识点、单纯的某一课时或某一本教材为着眼点，更多地要求学生关注史事间纵向的时间联系，把握包括但不限于政治、经济、文化、社会等多方面横向之间的关联。高考是教学的“指挥棒”和“风向标”，在中学历史的教学实践中，对《纲要》上、下册与必选三册之间的串联也逐步被重视起来。本课所涉及的相关内容，对应到教材，包括：《纲要》上册第 5 课《三国两晋南北朝的政权更迭与民族交融》、第 8 课《三国至隋唐的文化》；选择性必修一（简称“选必一”）第 1 课《中国古代政治制度的形成与发展》、第 4 课《中国历代变法和改革》、第 8 课《中国古代的法治与教化》。将上述课时的重要内容融于一课中，进而提炼核心概念，以加强学生对该历史阶段特征的整体认识。

本课吸收上述理念，采取沉浸式课堂的教学形式，其独特优势在于使学生能够站在亲历者的立场感受历史，以达到“神入历史”的效果。在精心搭建的历史情境中，为学生创造“身临其境”的学习氛围。以史料为基础的真实历史事件为切入点，使教材中具有高度概括性、不易理解的历史概念在活动中得到深化。同时，以学生为主体的问题设计，能真正使学生在课堂上“动起来”，将内化的概念与生活实际相结合，以培育更高层次的思维和解决问题的能力。

二、课标及内容整合

课程标准中与本课对应的内容可整合为：认识三国两晋南北朝至隋唐时期的制度变化与创新、民族交融、区域开发和思想文化领域的新成就；[①] 知道自西汉起历代王朝法律、礼教并用的统治手段。[②]

两晋南北朝的时代特征，包括“政权更迭、民族交融、江南开发”

① 中华人民共和国教育部：《普通高中历史课程标准》（2017 年版 2020 年修订），北京：人民教育出版社，2020 年，第 13 页。

② 中华人民共和国教育部：《普通高中历史课程标准》（2017 年版 2020 年修订），北京：人民教育出版社，2020 年，第 23 页。

三个主要方面。该时期上承汉末三国，下启隋唐王朝重新走向大一统，再现盛世图景。因其处于分裂时期，政权更迭频繁且复杂，并非统一封建王朝发展之主流，在各版中学历史教材中，相对于汉唐明清等大一统王朝，着墨不多。但如隋唐三省六部制、科举制等相关制度创新，事实上在两晋南北朝时已有实践基础；其间民族内迁、北民南迁的过程，不仅促进了民族交融与江南区域开发，也使开放包容的态度在民族交流、中外交流的具体实践中发展起来。因此，隋唐盛世的诸多方面均在两晋南北朝孕育萌芽，对该时段内容的强化理解，实际上是对隋唐政治、社会等方面新气象的溯源。

三、核心概念解读

（一）北魏封建化

北魏封建化，是北魏政权征服过程中为缓和民族、阶级矛盾，采取的统治措施带来的变化，至北魏孝文帝改革时得到较快发展。改革主要分为两大阶段，首先是冯太后执政期间的三大改革措施：改依托于掠夺封赏为主的财富分配方式为官员俸禄制，通过均田制增加财政收入、提高农民生产积极性，在地方基层组织上改宗主督护制为三长制。孝文帝元宏 490 年亲政后，是为改革第二阶段，主要包括：迁都洛阳、易服装、改汉姓、说汉话、通婚姻等。因改革主要以模仿汉族封建王朝为主，故也被称为汉化。

北魏封建化的效果，一方面，削弱了鲜卑族群与原有奴隶制和畜牧经济的联系，加强了北魏对中原的封建农业经济生产方式的适应，加速鲜卑贵族转化为封建主。[①] 另一方面，北魏少数民族统治者要控制、管理中原封建地区，仅靠对政治制度的模仿是不够的。因此在治国理政的理念上，北魏借鉴历代封建统治者经验，吸收儒家文化。这不仅提高了统治者的文化水平，更拉拢了一批来自中原的汉族士人，反过来又进一步推动了

① 张维训：《北魏官禄制度的确立及其对鲜卑族封建化的意义》，《中国社会经济史研究》1984 年第 3 期。

改革的进程。综合来看，北魏封建化改革措施推动了民族交融，缓和了民族矛盾和阶级矛盾，缩小了南北差距，为中国统一多民族国家的发展做出了贡献，为隋唐盛世的再度统一奠定了基础。但伴随着封建化历程，不仅有相对于游牧而言更先进的农耕生产方式而来的社会经济发展，还有封建社会内部伴生的腐朽因素，这也造成了孝文帝去世后不到40年的时间内北魏的灭亡。

（二）律令儒家化

此概念早见于陈寅恪《隋唐制度渊源略论稿》：“又古代礼律关系密切，而司马氏以东汉末年之儒学大族创建晋室，统制中国，其所制定之刑律尤为儒家化，既为南朝历代所因袭，北魏改律，复采用之，辗转嬗蜕，经由（北）齐隋，以至于唐，实为华夏刑律不祧之正统……”[①]

律令儒家化，或称法律儒家化的历程，自汉代董仲舒始，通过引经决狱的审判实践，对司法活动进行了儒家化改造。至魏晋时期，引经注律的流行使儒家思想开始进入立法领域，儒家伦理道德获得了法律效力。至隋唐时期，以《唐律疏议》为代表的中国传统法律代表之作出世，其不仅贯彻了儒家法律观，也标志着中华法系的完备。

律令儒家化的历程，体现了中国古代法治思想中礼法结合的趋势和德主刑辅的原则，同时也是儒家正统思想注重德行教化在治国方面的体现，但在封建专制王朝的背景下，司法公正性势必会受到影响。

四、学情分析

本课面向已学习过选必一相关内容的高二学生。学生在高一阶段已进行过相关背景内容的学习，对魏晋南北朝时期、德治法治思想、孝文帝改革等内容具备一定的知识基础。通过沉浸式课堂的体验，能够加强学生对重要概念的感性认识。但在具体教学过程中，要注意对其在史料收集方面具体方法的指导，以及对陈述观点时语言运用的规范练习。

---

① 陈寅恪：《隋唐制度渊源略论稿·唐代政治史述论稿》，南京：译林出版社，2020年，第119页。

五、教学目标

从核心素养的层面出发，以同时期并立的南北方政权、北魏洛阳城地图分别作为主要时空背景，利用《魏书·刑罚志》中的典型案例设计问题链，辅以《洛阳伽蓝记》《仪礼》等历史文献，调动学生利用史料及所学，对历史情境中出现的问题进行解读、分析。从概念教学的层面出发，明晰北魏封建化、律令儒家化两个重要历史概念的含义，进而让学生感受上层建筑变革带来的诸多影响。同时，学生还需了解南北朝时期三省六部制已产生了雏形，以及佛教的传播和发展等。

六、教学过程

【历史场景】

公元 519 年，梁武帝萧衍天监十八年，北魏孝明帝神龟年间。

自 499 年北魏孝文帝元宏在南伐返回洛阳的途中病逝后，二十年来，南北始终处于交战状态。你是一位来自南朝萧梁政权的使臣，皇帝派你

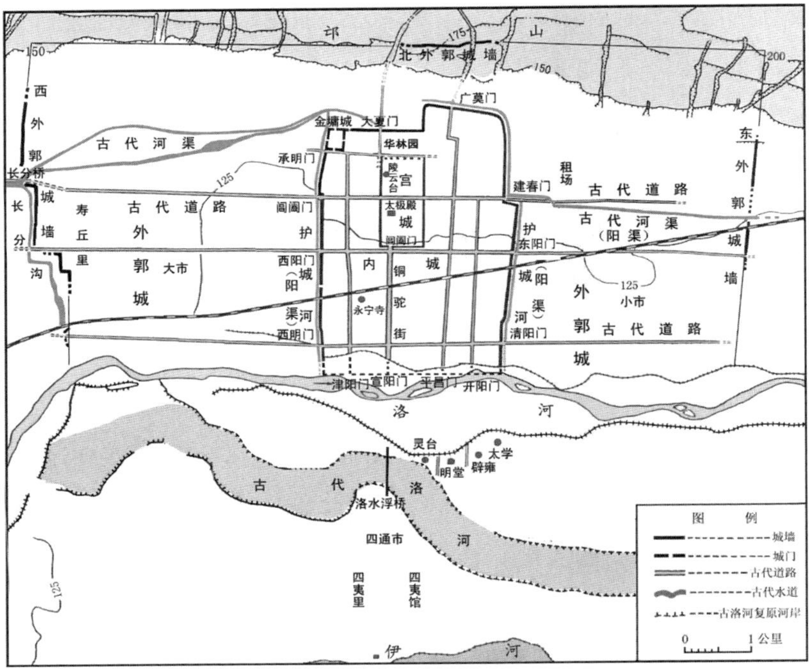

图 1　北魏洛阳城平面复原图（选自《中国古代汉唐都城形制的演进——由曹魏太极殿谈唐长安城形制的渊源》）

前去打探北魏方面是否有修好的意愿。

经过数天的车马劳顿，你终于抵达了北魏洛阳城。

在四夷馆外，你遇到了一位正在等候你的北魏官员，你推断一下，他隶属哪个官署。

【学生活动】鸿胪寺；尚书主客曹。

你们向北走上永桥，准备从宣阳门进入洛阳城。这位来自南主客曹的官员姓卢，他知道你来自崇信佛教的南梁，猜猜看他会先带你去哪里游览？

【学生活动】卢郎中说："我带你去永宁寺看看吧。"

听他这样说，你很高兴。毕竟刚进入城门，你就望见了那座高耸入云的建筑。

【文献补充】中有九层浮图一所，架木为之，举高九十丈。有刹复高十丈，合去地一千尺。去京师百里，已遥见之。

——《洛阳伽蓝记》[①]

图 2　北魏永宁寺复原透视图

① [北魏]杨衒之著，周振甫释译：《洛阳伽蓝记校释今译》，北京：北京联合出版公司，2019 年，第 15 页。

此处正是刚刚建成未满三年的皇家寺庙永宁寺。你们站在塔下仰望，卢郎说，这是由当今太后主导建造的。

你对这座壮美的高塔充满好奇，向卢郎中提出是否可以面见太后。

卢郎中有些为难，但他突然想到了什么，很高兴地对你说："刚好有一件事，想听听您的意见。"

（在旅程结束后，回答该问题。思考卢郎中为什么会这样说。）

你们一路畅行，进入宫城。

图 3　北魏洛阳太极殿复原图

太极殿上，已站满了官员。卢郎中让你附耳过来，向你讲述"这件事"的来龙去脉……

前不久，皇帝的姑母兰陵长公主发现驸马刘辉举止不端。起初，公主打算忍气吞声，但前几天与驸马起了争执。驸马在愤怒中打了公主，导致公主流产。

你很震惊，问道："为什么会这样？"

卢郎中说："二人的矛盾由来已久。曾有一名婢女与驸马相好，公主处死了她，出于警告，手段是残忍了些，但驸马从此就再也不理公主了。"卢郎中叹道："此事后，太后曾下令让二人离婚，可几年后又复合，这才发生了前几天的案件。"

现在驸马畏罪潜逃，两位与其相关的平民女子和她们的哥哥被捕下狱。门下省已向皇帝上奏拟了罪名。朝廷正在悬赏捉拿驸马，并宣布奖赏额度和捉拿谋反大逆罪一样。

卢郎中话音刚落，只听得殿上一位官员奏道："首先，臣反对以谋反大逆罪处死驸马。"

卢郎中向你介绍说："这是尚书三公郎中崔纂。来自著名的法律世家博陵崔家。他的族亲崔挺曾在文明太后摄政的年代参议修订律令。"

请你猜测，崔纂不同意以谋反大逆罪通缉驸马刘辉并处死刑的理由是：

【学生活动】因为刘辉的犯罪事实只是打伤了公主，并未犯真正意义上的谋反罪。

对于刘辉打伤公主导致她流产一事的看法，崔纂引用了北魏朝廷的《斗律》："祖父母、父母忿怒，以兵刃杀子孙者五岁刑，殴杀者四岁刑，若心有爱憎而故杀者，各加一等。"①

请通过崔纂引用的法条，推测他主张以什么罪名处置驸马刘辉，理由是：

【学生活动】崔纂主张以杀子罪处置刘辉。因为公主嫁给刘辉，胎儿即是刘辉之子。据此，刘辉只需服徒刑。

崔纂继续奏道："其次，臣反对将两名民女剃掉头发、鞭笞后贬为奴婢。同时反对门下省主张的她们兄长的连坐罪。"

对于崔纂反对兄长因已嫁之妹而连坐的看法，卢郎中向你介绍说《北魏律》中尚未有相关内容。

你推测一下，崔纂会引用哪些文献支撑自己的主张。

在你思考的时候，尚书元修议说道："昔哀姜悖礼于鲁，齐侯取而杀之，《春秋》所讥。又夏姬罪滥于陈国，但责徵舒，而不非父母。明妇人外成，犯礼之愆，无关本属。况出适之妹，衅及兄弟乎？"②

元修议的发言，体现了哪一司法原则？

【学生活动】春秋决狱

① ［南北朝］魏收：《魏书》（第四册），上海：汉语大辞典出版社，2004 年，第 2360 页。
② ［南北朝］魏收：《魏书》（第四册），上海：汉语大辞典出版社，2004 年，第 2360 页。

根据你的经验，在此基础上元修议还可以援引哪些内容以支撑自己的主张？

【学生活动】引用儒家经典如《仪礼·丧服》来讲明亲疏关系以及西汉至西晋的判例等。

【文献补充】《礼》云“妇人不二夫”，犹曰不二天。若私门失度，罪在于夫，衅非兄弟。

据上述内容推断，崔纂和元修议站在什么立场上为民女之兄辩护。

【学生活动】已婚妇女犯罪，为她负责的应当是丈夫而不是娘家的兄长。

这时候，一直在帘后未发一言的太后派人传出话来：“处罚张、陈二女之兄，是因为他们知情不报。”

如果现在给你一个机会为民女之兄做最后的辩护，你会引用哪一条司法原则？

【文献补充】汉宣帝地节四年下诏：“父子之亲，夫妇之道，天性也。虽有患祸，犹蒙死而存之。诚爱结于心，仁厚之至也，岂能违之哉！自今，子首匿父母、妻匿夫、孙匿大父母，皆勿坐。其父母匿子、夫匿妻、大父母匿孙，罪殊死，皆上请廷尉以闻。”①

【学生活动】期亲相隐、容隐；法律以亲属间的尊卑亲疏作为量刑的主要原则之一。

崔纂说道：“最后，臣反对门下省参与判决。”他的依据是：

【学生活动】门下省并无过问案件调查和审判的职权，应由尚书省的刑部官员进行审理。

【沉浸式活动】你回到了建康。皇帝对北方的风土人情很感兴趣，洛阳城的繁华，好像又激起了他征伐中原的野心。你与皇帝说起这桩北魏皇室的“殴主伤胎案”，不知如果此事发生在南朝，皇帝会做何决断？（请学生收集相关资料）

---

①［东汉］班固：《汉书》（第一册），上海：汉语大辞典出版社，2004 年，第 99 页。

预设1：不严惩。

依据：梁武帝信佛，不愿严刑峻法。并且梁武帝本人对皇室子弟世家大族多纵容。

疏简刑法，自公卿大臣，咸不以鞫狱为意。奸吏招权弄法，货赂成市，枉滥者多……时王侯子弟，多骄淫不法。

——摘编自《资治通鉴·卷一五九·梁纪十五·武帝大同十五年》

预设2：严惩。

梁氏受命，命蔡法度、沈约等十人增损《晋律》，为二十篇。

——《唐六典·卷六·尚书刑部》

南梁法度，主要沿袭《晋律》。晋制晋律时，第一次确定了“准五服以制罪”的原则。亲属相犯，以卑犯尊者，关系越亲，处罚越重。夫妻关系属于五服中关系最近的“折衰”一级。

（梁）武帝敦睦九族，优借朝士，有犯罪者，皆讽群下，屈法申之。百姓有罪，皆案之以法。

——《隋书·刑法志》

公主贵为皇族，身份尊于驸马。因此站在梁武帝的立场，“殴主伤胎案”在平民伤害皇族，以卑犯尊，按照从重处罚的原则，推测为严惩。

在你思量皇帝会采取哪一种处理方式时，卢郎中的一封信送到了你的手上。你看着该案最终的处置结果。不由得叹了一口气。

请推测“殴主伤胎案”的最终处理结果，是以崔篡为代表的主张轻判的一方胜利，还是以太后为首的主张重罚的一方胜利。

七、材料补充

本文主要参考书目：李贞德《公主之死：你所不知道的中国法律史》重庆出版社，2023年1月第一版。

附：殴主伤胎案原文（出自《魏书·卷一一一·志第十六·刑罚七》）

神龟中，兰陵公主附马都尉刘辉，坐与河阴县民张智寿妹容妃、陈庆和妹慧猛，奸乱耽惑，殴主伤胎。辉惧罪逃亡。门下处奏：“各入死刑，智寿、庆和并以知情不加防限，处以流坐。”诏曰：“容妃、慧猛恕死，髡鞭付宫，余如奏。”尚书三公郎中崔纂执曰：“伏见旨募若获刘辉者，职人赏二阶，白民听出身进一阶，厮役免役，奴婢为良。案辉无叛逆之罪，赏同反人刘宣明之格。又寻门下处奏，以‘容妃、慧猛与辉私奸，两情耽惑，令辉挟忿，殴主伤胎。虽律无正条，罪合极法，并处入死。其智寿等二家，配敦煌为兵’。天慈广被，不即施行，虽恕其命，窃谓未可。夫律令，高皇帝所以治天下，不为喜怒增减，不由亲疏改易。案《斗律》：‘祖父母、父母忿怒，以兵刃杀子孙者五岁刑，殴杀者四岁刑，若心有爱憎而故杀者，各加一等。’虽王姬下降，贵殊常妻，然人妇之孕，不得非一夕生。永平四年先朝旧格：‘诸刑流及死，皆首罪判官，后决从者。’事必因本以求支，狱若以辉逃避，便应悬处，未有舍其首罪而成其末愆。流死参差，或时未允。门下中禁大臣，职在敷奏。昔邴吉为相，不存斗毙，而问牛喘，岂不以司别故也。案容妃等，罪止于奸私。若擒之秽席，众证分明，即律科处，不越刑坐。何得同宫掖之罪，齐奚官之阙。案智寿口诉，妹适司士曹参军罗显贵，已生二女于其夫，则他家之母。《礼》云妇人不二夫，犹曰不二天。若私门失度，罪在于夫，衅非兄弟。昔魏晋未除五族之刑，有免子戮母之坐。何曾诤之，谓：‘在室之女，从父母之刑；已醮之妇，从夫家之刑。’斯乃不刊之令轨，古今之通议。《律》，‘期亲相隐’之谓凡罪。况奸私之丑，岂得以同气相证。论刑过其所犯，语情又乖律宪。案《律》，奸罪无相缘之坐。不可借辉之忿，加兄弟之刑。夫刑人于市，与众弃之，爵人于朝，与众共之，明不私于天下，无欺于耳目。何得以非正刑书，施行四海。刑名一失，驷马不追。既有诏旨，依即行下，非律之案，理宜更请。”

尚书元修议以为：“昔哀姜悖礼于鲁，齐侯取而杀之，《春秋》所讥。又夏姬罪滥于陈国，但责征舒，而不非父母。明妇人外成，犯礼之愆，无关本属。况出适之妹，衅及兄弟乎？”右仆射游肇奏言：“臣等谬参枢辖，献替是司，门下出纳，谟明常则。至于无良犯法，职有司存，劾罪结案，本非其事。容妃等奸状，罪止于刑，并处极法，准律未当。出适之女，坐及其兄，推据典宪，理实为猛。又辉虽逃刑，罪非孥戮，募同大逆，亦谓加重。乖律之案，理宜陈请。乞付有司，重更详议。”诏曰：“辉悖法乱理，罪不可纵。厚赏悬募，必望擒获。容妃、慧猛与辉私乱，因此耽惑，主致非常。此而不诛，将何惩肃！且已醮之女，不应坐及昆弟，但智寿、庆和知妹奸情，初不防御，招引刘辉，共成淫丑，败风秽化，理深其罚，特敕门下结狱，不拘恒司，岂得一同常例，以为通准。且古有诏狱，宁复一归大理。而尚书治本，纳言所属。弗究悖理之浅深，不详损化之多少，违彼义途，苟存执宪，殊乖任寄，深合罪责。崔纂可免郎，都坐尚书，悉夺禄一时。”

【文物素材】

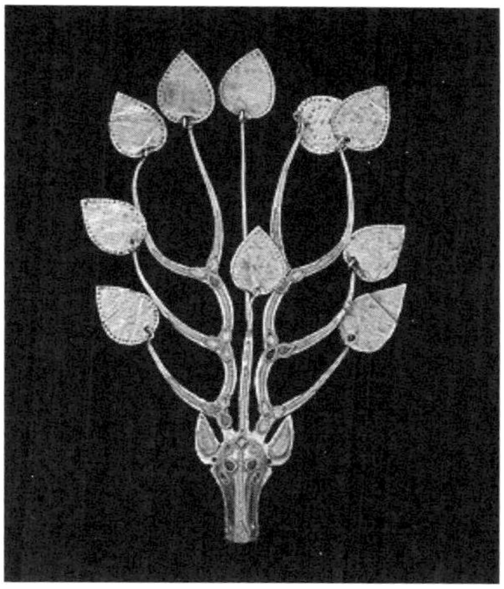

马头鹿角形金步摇
（高 16.2 厘米、重约 70 克。1981 年内蒙古达尔罕茂明安联合旗出土，现藏于中国国家博物馆）

步摇的基座为马头形，马头上分出呈鹿角形的枝杈，每根枝杈梢头卷成小环，环上悬一片金叶。马头和鹿角形枝杈上镶嵌珠饰。步摇是中国古代妇女的重要头饰之一，它多用金玉等材料制作而成，呈树枝形状，制作考究的则在树枝上缀有花鸟禽兽等装饰物。当佩戴者行走时，饰物随着步履带来的震动而不停地摇曳，因此得名“步摇”。

步摇最早出现于战国时期的文献中，魏晋时期成为常见的头饰。步摇不仅流行于中原地区，也深得北方少数民族喜爱。他们多以草原上常见的羊、马、鹿等动物形象作为主题纹饰，这件马头鹿角金步摇就是北方游牧民族典型的装饰品。

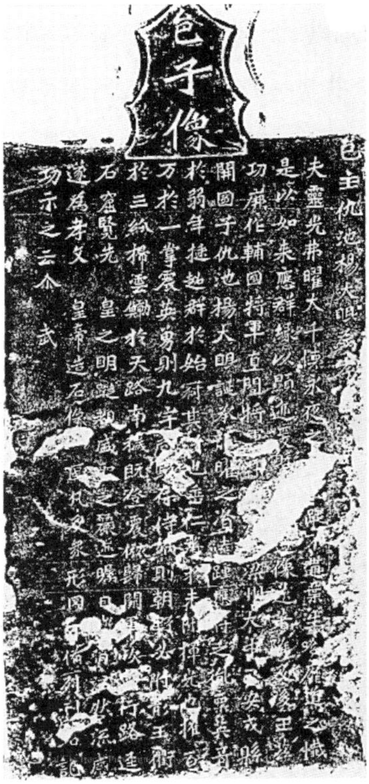

《杨大眼造像记》拓片[①]
（约造于景明正始之际，位于洛阳龙门石窟古阳洞北壁，现藏于洛阳碑志拓片博物馆）

《杨大眼造像记》，全称《辅国将军杨大眼为孝文皇帝造像记》，为龙门造像记名品之一。记中有“路径石窟，览先皇之明踪，睹盛圣之丽迹，瞩目彻霄，泫然流感，遂为孝文皇帝造石像一区”之文。

《魏书》上说他“少有胆气，跳走如飞”。宣武帝初年他奉命南伐，连拔五城，追奔至汉水，斩南朝辅国将军王花，首虏2000余。当他凯旋，

①《杨大眼造像记》，《中国书法》2021年第11期，第38页。

经伊阙时发愿开龛，时当在正始三年夏秋之际。造像龛位于古阳洞北壁第二层大龛东起第三龛，右邻魏灵藏造像龛。龛大且内容丰富，雕刻富丽华美，是古阳洞中的精品。

《杨大眼造像记》即属于脱尽隶法、斜画紧结的典型邙山体。康有为《广艺舟双楫》将其列为峻健、丰伟之宗。其特点是中宫紧收，四面辐射；点画轻重对比明显，形成块面元素；而用笔特点，则圭角尽露，沉厚恣肆，即所谓“方笔之极轨”。其点画特征无疑受刀的影响，刀意显著。康有为评此记云：“若少年偏将，气雄力健”“为峻健、丰伟之宗”。

八、总结反思

本课以中国古代法律史中极具代表性的北魏“殴主伤胎案”为主线，通过主人公在北魏朝堂争辩现场的所见所闻展开。该史事出自《魏书·刑罚志》，在北魏一百五十年来的法律发展历程中，魏书用其中近六分之一的篇幅记录了此案，清末著名法学家沈家本也将此案列为中古最经典的司法案件之一，可见其重要性。事件发生时，即孝明帝元诩统治时期，距汉化改革最早措施出台以来至少已过去了四十年。因此，“殴主伤胎案”对于研究北魏封建化、律令儒家化的成果，是具有典型性的。

该案司法过程中争论的双方，一方是坚持按父系家族伦理为标准进行司法刑判的官僚集团，他们由汉人及已汉化的鲜卑人共同组成；另一方是以维护皇权和保护皇室成员为目的的摄政太后集团。案件中涉及的婚姻关系、亲子关系、连坐之法，皆与传统儒家的婚姻及家庭伦理相关。从尚书省官员崔纂、元修议的观点中，可以窥见此时的北朝政权充分继承了汉代以来的伦理观念和法学传统。其表现一是将公主腹中胎儿的主要身份定义为其父刘辉之子，而非皇室成员；二是反对对民女之兄的连坐处罚，认为妇女成婚后与娘家父兄关系疏远，而与丈夫关系更近，并辅以西汉以来容许“期亲相隐”的合法包庇原则，这些都体现了北魏官僚集团中父系伦理的强化对法律的深刻影响。但该案结局是摄政太后仍维持原判，并将为驸马辩护的相关官员革职或停俸。这从侧面体现出中国古代封建王朝的法律建设，不仅受到儒家思想影响，还会因皇权之威势而具有不可避免的主观随意性。

此外，沉浸式活动部分的设计，将发生在北魏特色政治、民族背景中的“殴主伤胎案”，大胆地移植至南朝的环境中。在无标准答案的前提下，放手学生收集支撑自己观点的材料，不仅深化了对本课内容的再认识，培育学生的批判性思维，还是高考中开放性试题的具体应用过程，以期实现“三新”背景下教考的有机结合。

第二节　未名湖畔忆先生

一、场景构建与沉浸式教学

（一）必要性

1. 基于历史学科的特征

陈寅恪先生提出的“历史理解之同情”，一般被认为是史学界研究历史事实应该遵循的基本原则之一。其中蕴含了构建历史场景的重要性，“盖古人著书立说，皆有所为而发。故其所处之环境，所受之背景，非完全明了，则其学说不易评论”[①]。任何历史事件都有其具体特定的历史场景，即历史事件发生的时间空间，“在历史教学中强调历史时空条件，强调历史情境，强调师生站在历史人物的立场上去体验历史、感受历史”[②]。只有回到历史场景，甚至将自己置身其中，才能更好地了解历史人物的处境及想法，理解其行为与选择。相反，如果我们站在当下的场景去反观历史事件，则不可能对历史人物有同情的理解，无法真正培养出学生的历史感和核心素养。

2. 基于高中历史教学的现状

现行的高中历史课程由必修、选择性必修、选修三类构成，他们“构

① 陈寅恪：《金明馆丛稿二编》，北京：三联书店，2001 年。
② 王德民：《中学历史教学设计》，芜湖：安徽师范大学出版社，2017 年。

成高中历史课程的整体结构，具有关联性、层次性和渐进性”[①]，其中，必修课程（《中外历史纲要》）是基础，选择性必修和选修课程是对纲要内容的进一步拓展与深入，它们之间紧密联系、相互勾连，以课标为导向标，形成了从纲要框架到单元主题再到具体课时的缜密体系，也带来了新一轮课改下高中历史课程内容更广、更深、更细的新特点。课程标准的设置与教材内容的编写，都要求一线教师在实际教学中既能“统筹大局”，又要“瞻前顾后”“左顾右盼”，也促使了“单元教学”“探究教学”“问题链教学”“史料教学”等教学方法的探索与应用。在具体的教学实际中，这些教学方法都取得了一定的实践效果，但任何教学方法的应用都离不开历史场景的构建。历史学习本身，是在史料基础上重构过往场景、获取历史认知的一种尝试。

3. 基于核心素养的达成

高中历史教学过程，实际上是师生共同合作，重新认知历史的过程。历史场景的构建，有利于学生暂时放下现实场景和已有生活经验对于历史认知的阻碍，全身心地投入那一段过往的岁月，突破时空的局限。通过教师有意识、有准备地创设的一个个相对真实而有历史意味的情境，在沉浸式学习中，可以更好地激发学生的求知欲望，激荡学生的灵魂，在提出问题和解决问题的过程中，培养他们的历史思维，在深度的历史学习中，落实核心素养。

4. 基于高考改革的深入

在国务院办公厅发布“创新试题形式，加强情境设计”[②]的指导意见后，情境设置已经成为学科命题的政策性规定。绝大多数人认为情境就是提供史料，将史料等同于情境，显然不够全面。现代课程观念强调学习是人与情境在互动中构建的过程。[③]历史研究的基础是史料，但史料是死的，

①《普通高中历史课程标准（2017年版2020年修订）》，北京：人民教育出版社，2020年。
②《国务院办公厅关于新时代推进普通高中育人方式改革的指导意见》（国办发〔2019〕29号）。
③ 郝瑞庭：《历史试题情境设置的目的、功能和基本原则》，《历史教学》2023年第1期。

要挖掘出史料活的生命，需要我们将历史学习的主体——学生，放置到一个特定的场景中去，以当事人或者第三者的视角，亲身去体验和感受，与史料进行有灵性的互动。这样的情境设置要真实、要典型、要符合学生的实际，需要老师有完备的知识结构，帮助学生搭建起沉浸的舞台。

（二）可能性

1. 生动的故事

习近平总书记曾指出大学“中国近现代史纲要”这一必修课必须“会讲故事、讲好故事十分重要”。通俗地讲，历史故事就是历史人物用他们的血泪和生命书写的人生历程，历史故事中那些震撼人心的力量，来源于每一个曾经鲜活的生命留下的一切痕迹。因此，在高中历史教学的诸多实践中，也有不少学者、教师认为首先要讲好历史故事。“历史绝不是一堆僵化的文本记录，不只是所谓的事迹、人物、数据、账目……它实际容载着的是无数世代人们的悲欢离合。”[①] 以故事的形式，选用合适的史料、配合教师声情并茂的讲述，一定会打动学生，并在故事的讲述中，为学生提供借鉴意义或历史教训。历史故事本身，就是打造历史场景的重要资源。

2. 丰富的资源

历史学科包罗万象，政治、经济、军事、外交、文学、科技，诸多学科的素材都是历史发展的一部分。这也为历史场景的打造和沉浸式学习提供了可能和条件。卡尔将历史比作“现在与过去之间永无休止的对话”。[②] 史料是对话的重要载体，亲历者的史料为我们与过去对话搭建了有效的桥梁。历史人物留下的文字、物品、影像，记录历史事件的书籍、图画，当事人的口述材料等等，都是珍贵的史料，也是我们重新构建历史场景的丰富资源。

3. 部编教材的特点

“从教育的角度看，任何不能使学生获得新的意义系统的知识教学

① 李泽厚：《李泽厚集》，长沙：岳麓书社，2021 年。

② ［英］爱德华·霍特列·卡尔著，陈恒译：《历史是什么？》，北京：商务印书馆，2011 年。

或知识教育，无论采取什么手段和方法来开展，在本质上都只能是灌输。”①部编教材采用的是必修课程、选择性必修课程和选修课程相结合的体系，内容相较于旧教材范围更广，内容更丰富、更详细，涉及很多旧教材从未涉及过的领域。教材的变革要求我们脱离知识本位的教学观念，不能将历史课堂变成陈述性知识的发生地。新教材体量之丰富，也要求我们不能以单纯的知识点为课堂构建的基础，而要敢于创新与取舍，对教材进行新的梳理与整合。沉浸式教学，可以通过场景（时间、空间）的布置、问题链的设置、人物的代入、现代多媒体技术的应用等多种途径，将分散在教材中的知识点有机串联，重新构建。

当然，并不是所有的课题和主题都适用于沉浸式教学，场景的构建必须是真实的、典型的，才能是有效的。下面，笔者就北洋军阀统治时期，做了一次关于沉浸式学习的尝试。

二、确定沉浸式教学主题

（一）时间定位（1912—1928）

近代史中，北洋军阀统治从 1912 年 3 月 10 日袁世凯在北京就任中华民国临时大总统到 1928 年 12 月 29 日张学良通电全国，宣布遵守三民主义，在东三省将五色旗换成南京国民政府的青天白日满地红旗为止，历时不过十六年。但这短短十六年，也是中国近代社会在过渡中巨变的十六年，其间经历了旧民主主义革命向新民主主义革命的转变，经历了民族资本主义在一战时期地迅猛发展和面对列强卷土重来的无可奈何，也经历了民主共和观念初入人心、新文化运动推动思想解放、马克思主义广泛传播带来的新气象。从教科书编写体例来看，将《北洋军阀统治时期的政治、经济和文化》单列为一课时，在选必一的课程中对这一时期的文官制度也有所涉及，其重要性不言而喻，因此笔者选择以这一时期为时间框架，打造沉浸式课堂。

① 郭元祥：《深度教学——促进学生素养发育的教学变革》，福州：福建教育出版社，2021 年。

（二）空间定位（北京大学）

1898 年 6 月，光绪帝在维新派的支持下开始变法，7 月京师大学堂正式创办，9 月慈禧太后为代表的顽固派发动戊戌政变，百日维新失败。但是，京师大学堂作为变法措施中的唯一成果得以保留。京师大学堂作为中国近代公认的正式设立的第一所新式大学，其建立在中国近现代教育史上具有划时代的意义。它改革旧式科举制度，制订新的学制章程，强调“中西并重”。成立之初，既是全国最高学府，又是国家最高教育行政机关。但这样的背景，也造成了其早期封建积习严重、官僚作风浓厚的消极特点。1900 年，义和团运动爆发，京师大学堂遭到破坏并停办。直到 1902 年才得以恢复。时任吏部尚书张百熙主持制订了中国近代第一个全面系统的学制——《钦定大学堂章程》，根据学制，对不同程度的毕业生分别授予贡生、举人、进士头衔。1904 年，京师大学堂分离行政职务，成为单纯的高等学校。同年，进士馆开学，招收了中国历史上的最后两届科举进士，即癸卯科（1903 年）进士 80 余名和甲辰科（1904 年）进士 30 余名。并选派首批 47 名学生出国留学，开中国高校派遣留学生之先河。1905 年，国子监停办时，一批未毕业的学生直接进入京师大学堂学习。1910 年，京师大学堂开办分科大学，开办经、文、法政、商、理、工、农共七科，综合性大学初具规模。辛亥革命爆发后，学堂再次停办。至 1912 年 5 月 4 日，京师大学堂正式更名为“国立北京大学”，严复出任北京大学首任校长，但其后北洋政府以经费不足为由试图再度停办，在教师、学生多方努力下才勉强生存。1916 年 12 月，蔡元培出任北京大学校长后，北京大学发生了翻天覆地的变化，在北洋政府统治时期的后十余年中，北京大学的师生们始终走在救亡图存、思想解放的最前沿，不仅在教育领域，更在国家和民族的认同上，做出了令人惊叹的选择。时至今日，北京大学依然是我国高等教育的最高学府，也是诸多学子心之所系的圣地，选择北大作为沉浸式教学的场景，有着特别的意义。

（三）确定人物（蔡元培、邓春兰）

在以上特定的时空背景中，有大量的历史人物值得我们铭记。不论是“北大永远的校长”蔡元培，还是知名学者陈独秀、胡适、李大钊、鲁迅、刘半农、梁漱溟、李四光、马寅初，抑或学术造诣深厚、政治顽固守旧的辜鸿铭、刘师培，还有傅斯年、罗家伦、邓春兰等杰出的学生代表和更多默默无闻的普通学生，他们都可以成为沉浸式课堂选择的切入点。作为生活在北洋军阀统治时期的他们，和当时发生的一系列历史事件不可分割。历史场景的打造和沉浸式学习，需要这些具体的历史人物做支撑。在了解历史人物的过程中，解读历史事件，实现双向互动。笔者经过大量的前期准备，选择了中国近代史上首位冲破大学女禁的女生邓春兰的视角和蔡元培七次请辞北大校长的故事线索，进行沉浸式课堂打造。

（四）准备工作

场景演示文稿（PPT）、背景音乐、民国女学生装、学生横幅等。

三、案例分享

场景一：1912，北京和兰州

【沉浸式背景】

蔡元培（1868 年 1 月—1940 年 3 月），浙江绍兴人，清光绪进士。中国民主革命家、教育家。

你，1898 年出生于一个从事教育事业的学者家里。你的父亲毕业于京师大学堂，中西文皆精，曾任甘肃省教育厅科长、督学等职。辛亥革命时，他参加同盟会，并在兰州组织过反清斗争。家风开明的你自幼便接收了新思想、新教育、新文化。1911 年，你曾因辛亥革命的爆发而暂时中断学业，身为女性的你，一直对男女不平等的现象深感不公。

1912 年 1 月，中华民国南京临时政府成立。与此同时，已从女子师范毕业的你来到兰州一所小学任教。当你听闻蔡元培先生担任了中华民国南京临时政府首任教育总长（1912 年 1 月—1912 年 7 月）时，你的内心无比激动，和几位同伴积极地讨论着关于中国教育男女平等的美好未来，寄希望于民国带来的巨大变革。

【沉浸式活动】

1. 你问道：你们认为新政府会取消大学女禁吗?

1911 年 12 月 29 日，中华民国临时大总统选举会合影

1912 年 5 月 4 日，京师大学堂正式更名为“国立北京大学”

2. 同伴讨论

会：理由是中华民国的成立会带来男女平等的新气象。

不会：理由是封建势力根深蒂固，封建思想长期禁锢国人，变革困难重重。

3. 论从史出

结合选必，梳理中华民国成立后教育界掀起的变革巨浪。以史实论证你畅想实现的可能性。

1912 年 1 月，蔡元培担任中华民国首任教育总长并主持制定了中国第一个大学和中学校令即《大学令》和《中学令》。他多次强调“教育普及者，人人受同等之教育”“男子与女子同是国民”①，下令小学男女同校，建立起符合时代需要的新式教育体制。

结合 1912 年 1 月至 3 月的政局，持相反意见的同伴，为何有这样的担忧?

① 熊贤君：《中国女子教育史》，太原：山西教育出版社，2006 年。

袁世凯就任临时大总统后与北洋将领合影

4. 查阅资料

为何短短半年，蔡元培先生便毅然辞去教育总长一职？这反映了当时中国政局怎样的局面？

袁世凯倒行逆施，推行专制统治。

场景二：1915—1917，北京

【沉浸式背景】

自袁世凯就任大总统后，中国进入了北洋军阀统治时期。

其间，袁世凯为建立专制统治，采取了一系列倒行逆施的手段。1915年，袁世凯积极准备复辟帝制，对民众的思想文化管控日益严峻，群众团体纷纷被取缔，妇女团体更是荡然无存。造成了“妇女刊物亦俱停顿，一时几无妇运之痕迹”[①]的局面。

蔡元培先生在二次革命失败后，赴欧洲留学。袁世凯病逝后，黎元洪继任大总统，终于明令恢复了民国初年的《临时约法》，大批流亡海外的革命党人如孙中山、黄兴等纷纷回国，1916年11月8日，蔡元培与吴玉章一起乘船由法国马赛回国，抵达上海，12月26日，蔡元培受命担任北京大学校长并支持新文化运动。

你在小学里继续教书，风声雨声读书声声声入耳的同时，家事国事天下事亦事事关心。

① 宋素红：《女性媒介：历史与传统》，北京：中国传媒大学出版社，2006年，第78页。

任命狀
任命蔡元培為北京大學校長此狀
黎元洪
范源濂

蔡元培北大校长委任令

【沉浸式活动】

1. 作为新时代的知识女性，你经常阅读的一本杂志是什么？从二卷一号开始更名为什么？

《青年杂志》第一卷第一号

该杂志由陈独秀于1915年9月15日在上海创刊。初名为《青年杂志》。1916年9月1日出版第二卷第二号改名为《新青年》。资产阶级的知识分子们借助这块阵地在文学、教育、伦理等领域向封建思想及意识形态发起了猛烈的进攻。1917年初，《新青年》编辑部迁到北京。《新青年》和北京大学成为新文化运动的中心。

你仔细阅读了1915—1917年《新青年》前三卷上关于女性解放的所有文章。标题与内容列举如下。[①]

① 摘编自《新青年》全集，北京：中国书店，2011年。

卷号	标题	内容
一卷一号	《敬告青年》陈独秀；《妇女观》［法］Max O' Rell著，陈独秀译	“夫女子虽非为发号施令而生，然其天赋之权能，足以统驭发号施令之男子。”
一卷三号	《欧洲七女杰》陈独秀著	“女子智能非不如男”“以为女同胞之观感焉”。
一卷四号	《人生科学（一）女性科学》［日］小酒井光次著，孟明译	“女子较男子近似于小儿。”
一卷五号	《一九一六年》陈独秀著	“自负为一九一六之青年，其奋斗以脱离此附属品之地位，已恢复独立自主之人格。”
二卷二号・读者论坛	《新青年之家庭》李平著	“家庭之出纳庶务，均由主妇主张之，男子无权干涉”“男子务为直接生利之职业，以益群众而利生存”。
二卷六号・女子问题专栏	《贤母氏与中国前途之关系》陈钱爱琛著	女子教育是为了培养“有道德，有学问、有经济”的贤母，反对女子“起而与男子争参政权”。
三卷一号・女子问题专栏	《女子教育》梁华兰著	“夫效力国家，其道多端，非必躬登政坛而后可也。女子者人类之母也，相夫教子持家处事，其所贡献于国家者既多。”
三卷三号・女子问题专栏	《女子问题之大解决》高素素著；《论中国女子婚姻与育儿问题》陈华珍著	前者支持女子教育应“当为女子自身计，当为国家前途计”。支持女子就业。后者主张“普及女子教育、改良婚姻和育儿问题”“若复欲与男子享同等之地位权利，势所不能也。”
三卷四号・女子问题专栏	《女权平议》吴会兰著；《改良家庭与国家有密切关系》孙鸣琪著	前者号召在家庭里开展女权革命，革“内外治之分”“立宪时代，女子当平权，有意识之平权也。是即法律所许国民平等自由之权。” 后者坚持“为父母者必教男儿以爱国齐家之道，更教女儿为妇治家之要务”。
三卷五号	《结婚与恋爱》高曼著；《婚制之过去现在未来》刘延陵著	呼吁自由恋爱和婚姻伦理。

（1）关于“妇女解放”观点，你有怎样的认知？这些文章反映出新文化运动的哪些特性？又折射出了中国社会的何种面貌？

新文化运动中，对于男女平等的认识是逐步深入的，既反映出这场运动反封建的进步性，又折射出中国社会封建意识形态的根深蒂固。

（2）1917 年 7 月 3 日，蔡元培第一次请辞北大校长，“不意日来北京空气之恶，达于极点，元培绝不能回北京”①。他辞呈中的“北京空气之恶”指的是什么？

在蔡元培就任北京大学校长时期，曾七次请辞校长一职。请辞的背后，往往与政治纷扰息息相关。学术坚守与政治纷扰的博弈以及蔡元培秉持的“教育独立”理念，成就了一道亮丽而多舛的景观。②

场景三：1919 年 5 月，北京

【沉浸式背景】

一战期间，欧洲列强忙于战事，无暇东顾，日本趁机加强对中国的侵略。1919 年 1 月的巴黎和会，作为战胜国的中国，却被告知由日本继承德国在中国山东的特权，对内腐朽专制、对外卖国妥协的北洋政府决定接受。5 月 1 日，北京大学的一些学生获悉消息。决定于 5 月 3 日在北大举行全体学生临时大会。5 月 3 日晚，北京大学学生举行大会，北京高等师范学校（现北京师范大学）、法政专门学校、高等工业等学校也有代表参加。学生情绪激昂，号召大家奋起救国。中国外交的失败，成为五四运动的导火索。五四运动呼吁男女平等，女性解放。但事实是直到五四时期只有少数专门的女子高校招收女学生。国立大学女禁依旧存在。你给蔡元培校长写了一封信。

【沉浸式活动】

1. 徐彦之于 1919 年 5 月 4 日至 5 日在《晨报》上发表了《男女交际问题杂感》一文，提出男女同校是缓解“中国数千年‘礼教大防’”骤然破灭背景下新旧伦理观冲突的最好方法。③ 对此，你有何感受？

---

① 高平叔：《蔡元培全集·第三卷：1917—1920》，北京：中华书局，1984 年。

② 杨卫明、汪秋萍：《进退之间：蔡元培辞职与回任北京大学校长考述》，《教育与考试》2022 年第 6 期。

③ 徐彦之：《男女交际问题杂感（续）》，《晨报》1919 年 5 月 5 日。

（学生讨论）

2. 1919 年 5 月，你从《北京大学日刊》上读到了北京大学校长蔡元培先生的《贫儿院与贫儿教育的关系》一文，蔡先生关于男女教育平等的大声疾呼大大地鼓舞了你，于是你提笔写了一封信给蔡校长，信中你会写哪些内容？

（小组合作写信并展示）

这封 5 月的信蔡元培校长并没有收到，为什么？

但因蔡先生自责北京大学学生发起过激的爱国举动，且不愿成为北洋政府用于胁迫学生的筹码。已于 1919 年 5 月 8 日第三次请辞校长一职，你寄出的信没有能送到蔡校长手中。

场景四：1919 年 7 月，兰州——北京

【沉浸式背景】

1919 年 7 月 25 日下午，年仅 21 岁的你告别亲友，在交通极不发达的当年，你与其他五名女子一起，为获取新知，改变命运，决定“乘木筏由黄河绕道内蒙古以入京”。[①] 在长达 5000 多公里，历时一月有余的日子里，你用日记的形式记录下了自己的感受。后在《新生活》杂志“游记”专栏连载，题目改为《从甘肃到北京途中日记》。而你，也将成为“吁请开放大学女禁第一人”“民国首批女大学生之一”而名垂青史。

【沉浸式活动】

1. 你记录沿途风景的初衷是什么？

要记录身在巨变时代的个体感悟。

2. 此次行程水路过半，而黄河水路惊险，面对如此险况，你会有何感想？

第一滩“两山壁立千仞，上破云霄，而风逐舟腾，峰回石转”；第二滩“滩声若雷，水奔如电，岩石耸立，望之狰狞；河中时露巨石，不敢迫视”；第三滩“双峰逼天，河面既狭，而屈曲成势，水遂为之不舒，奔腾之势，有

① 邓春兰：《晋京旅行记》，兰州：甘肃人民出版社 1984 年版。以下日记均出自此处。

类千军万马”。平安渡过之后，船上乘客纷纷感慨、庆幸：“绝处逢生，入鬼门关折橹而全舟无恙，平生未见之奇……”

——摘编自《西北行》①

7月26日记：“鼓棹前进，放乎中流，所谓乘长风破万里浪……”

（恐惧、焦虑、豪情万丈、志在千里）

3. 除了自然风光，你还记录了沿途的风土人情，摘录如下：

7月28日记：“（古水堡）此地妇女，怕见生人，见余等到，做防避状。询其职业，以务农畜牧对。”

由此可见，当时中国广大农村地区的妇女生活状态如何？

（羞怯、保守）

蔡元培于9月12日返回北大复职。看到了你的信。面对开放大学女禁的多方呼吁，蔡元培先生做出了怎样的回复？

“……大学之开女禁问题，则予以为不必有所表示。因教育部所定规程，对于大学学生，本无限于男子之规定，如选举法中之选举权者。且稽诸欧美各国，无不男女并收。故予以为，无开女禁与否之问题。即如北京大学明年招生时，倘有程度相合之女学生，尽可投考。如程度及格，亦可录取也。”②

1920年，你如愿成为北京大学的旁听生，但也必然面临着哪些方面的压力？为什么？

家庭、男性、社会、伦理，五四新文化运动强烈冲击了中国传统纲常伦理，但是女性依然还是受到传统道德的约束和影响。

4. 综合以上信息，请写下你的名字并了解你在入学北大后的发展经历。

邓春兰，邓春兰于1922年初因怀孕临产休学后返回兰州，在省立女子师范学校从事教育工作。新中国成立后，邓春兰成为当时甘肃文史馆

① 林鹏侠：《西北行》，银川：宁夏人民出版社，2000年。
② 高平叔：《蔡元培年谱长稿（中）》，北京：人民教育出版社，1996年。

唯一一位女性馆员。[①]

【文献补充】

1.《蔡元培自述》节选[②]

孙先生以十六票被举为总统，欲组织临时政府，命人来招我，将以任教育总长。……孙先生及同盟会同志以为，袁世凯既被举为总统，应来南京就职，表示接受革命政府之系统，迭电催促，殊无来意，于是有派员之举，而所派者是我。……有几处承风而起，也闹着兵变。于是袁派的更振振有词了：袁总统尚未离北京，已经闹到这个样子，若真离去，恐酿大乱；……往返磋商，结果准袁世凯在北京就总统职。……目前情形，政府中显分两派，若欲排斥袁派，使吾党同志握有实权，量力审势，绝无希望。不如我辈尽行退出，使袁派组成“清一色”的政府，免使吾辈为人诽谤，同归于尽。……唐君（唐绍仪）电请辞职，袁世凯照例慰留，我亦联带辞职，袁派认为“拆台”，竭力挽留，然我持之甚坚，卒于同时去职。

2. 蔡元培七辞北大校长履历表[③]

次序	辞职时间	起因	回任时间	备注
第一次	1917.07.03	张勋复辟帝制	1917.07.23	复辟闹剧终结
第二次	1918.05.22	“中日防敌军事协定”	1918.05.23	北洋政府大总统挽留
第三次	1919.05.08	五四运动中学生有过激行为，为保护学生	1919.09.20	政界、学界多次致电挽留
第四次	1919.12.31	北洋政府教育部积欠经费	1922.09.21	北洋政府应允拨给经费
第五次	1922.10.19	北京大学学生数人因征收讲义费无视校纪	1922.10.24	北洋政府退回辞呈
第六次	1923.01.17	北洋政府教育总长彭允彝越权干涉司法独立，对当局倍感失望		此后不再返回北京大学，仅在名义上保留校长任职
第七次	1926.06.28	北京大学面临改组		1930 年 9 月 24 日，准允辞去职务

① 何端中：《华夏文明之源：邓春兰》，兰州：甘肃教育出版社，2014 年。

②《蔡元培自述　实庵自传》，北京：中华书局，2015 年。

③ 梳理自《蔡元培自述》，北京：人民日报出版社，2011 年。

3. 蔡元培《贫儿院与贫儿教育的关系》节选（1919年3月15日在青年会演说）[①]

我国人不许男女间有朋友的关系，似乎承认“男女间只有恋爱的关系”，所以很严地防范它。既然有此承认，所以防范不到处，就容易闹笑话了。欧美人承认男女的交际，与单纯男子的或单纯女子的，完全一样。普通的交际与友谊的关系，隔得颇远，友谊的关系与恋爱的关系，那就隔得更远了。他们男女间看了自己的人格同对方的人格，都非常尊重，而且为矫正从前轻视女子的恶习，交际上男子尤特别尊重女子，断不敢稍有轻率的举动。即如跳舞会是古代传下来的习惯，也是随时代进化，活泼中仍含着谨严的规则。不是为贫儿院筹款，曾在迎宾馆举行一次，诸君曾经参与的么？近来女权发展，又经了欧洲大战争，从前男子的职业，一大半都靠女子来担任。此后男女间互助的关系，无论在何等方面，必与单纯男子方面或单纯女子方面一样。我们国里还能严守从前男女的界限，逆这世界大潮流么？但是改良男女的关系，必要有一个养成良好习惯的地方，我以为最好是学校了。外国的小学与大学，没有不是男女同校的。美国的中学，也是大多数男女同校。我们现在除国民小学外，还没有这种组织。若要试办，最好从贫儿院入手。院中男女生都有，但男生专做木工、毡工，女生专做烹饪、裁缝，划清界限，还不是男女同校的真精神。最好破除界限，不论何等工作，只要于生理上、心理上相宜的，都可以自由选择，都可以让他们共同操作。要是试验了成绩很好，那就可以推行到别的学校了。

还有一层，中国的戏剧，不许男女合演，用男子来假装女子，这是最不自然的。所以扭扭捏捏，不但演剧时不合女子的态度，反把平日间本人的气概都改变了。我不喜观旧剧，对于学生演新剧，亦不大欢迎，就是为此。但现在男女尚不能同校，若要合男女学生试演新剧，学生的父母不是要大不答应的么？我以为此事也可由贫儿院先来试办。先就译本的西剧中，选几种悲剧来试演，演得纯熟了，要是开筹款会就可以演给来宾看看，不专靠现在男

① 蔡元培：《黑暗与光明》，北京：中国文史出版社，2017年。

生的唱歌，女生的跳舞了。要是有几个学生演得很好，就可以作为改良戏剧的起点，不是很有关系么？

4. 邓春兰：《春兰上蔡校长书》节选及《全国女子中小学毕业生同志书》全文[①]

春兰早岁读书，即慕男女平等之义……万事平等，俱应以教育平等为基础……我辈欲要求于国立大学增女生席……春兰愿为全国女子开一先例。

——摘编自《春兰上蔡校长书》

报界诸先生转全国女子中学毕业暨高等小学毕业诸位同志大鉴：

欧战告终，西半球之女子，多因助战功勋，实行获得参政权利，出席国会，为议员者已有多人，将见其女总统出现矣。反观我国教育，尚未平等，遑论职业，更遑论参政。相形之下惭愤何如？妹不敏，已代我诸姊要求北京大学蔡孑民先生，于大学添我女生席。不意妹函至京，适遭变故，蔡校长辞职归隐，至今尚无结果。然兹事体大，鄙意以为其依赖他人之提倡，何如出于自身之奋斗！天下安有不耕耘之收获哉！顷拟组织大学解除女禁请愿团于北京，凡我团姊妹，进行约有二途，其因个人学力不充，未及大学入学资格者，则在大学附近组织私塾，延聘大学教师授课，努力补习。其因教育当局受其他方面之压制，而不肯解除女禁者，则联合同志用种种方法，以牺牲万有之精神，至百折不回之运动，务达我目的而后已。诸姊乎，如不慊于东洋式之良妻贤母之教育乎，则盍速而自图乎。妹非不知不慊于东洋教育者，则往西洋，然力能及此者几何人，其如我多数之失学姊妹何？一管之见如此，尚希高明有以教我。再妹家居陇右，去京四千余里，且大半未修铁轨，故顷虽起程来京，而抵京之期则难预定。如蒙同志赐函，请暂交舍弟国立北京大学法预科学生邓春膏，或北京清华学校中等科学生邓春霖转交均可。

肃此敬问学绥。

妹邓春兰鞠躬。

——摘编自 1919 年 8 月 3 日北京《晨报》

① 何端中：《华夏文明之源：邓春兰》，兰州：甘肃教育出版社，2014 年。

5. 北京大学第一批女学生信息表（1920 年 3 月 11 日）①

姓名	籍贯	年龄	经过学校	年级门类
王　兰	江苏无锡	21	北京女子师范	哲学系第一学年
邓春兰	甘肃循化	22	北京女子师范	哲学系第一学年
韩恂华	直隶天津	21	直隶第一女子师范	哲学系第一学年
赵懋芸	四川南溪	28	北洋女师范毕业	哲学系第一学年
赵懋华	四川南溪	22	北洋女师范毕业	哲学系第一学年
杨寿璧	贵州贵阳	19	北京女师范毕业	哲学系第一学年
程勤若	安徽歙县	26		国文系第一学年
奚　浈	江苏南汇	22	协和女子大学	英文系第一学年
查晓园	浙江海宁	21	协和女子大学	英文系第一学年

6. 胡适《大学开女禁的问题》②

《少年中国》的朋友要我讨论这个问题，我且随便把我的一点意思发表在此，只可算作讨论这个的引子，算不得一篇文章。我是主张大学开女禁的。我理想中的进行次序，大略如下：

第一步，大学当延聘有学问的女教授，不论是中国女子是外国女子，这是养成男女同校的大学生活的最容易的第一步。

第二步，大学当先收女子旁听生。大学现行修正的旁听生规则虽不曾明说可适用于女子，但将来如有程度相当的女子，应该可以请求适用这种规则。为什么要先收女子旁听生呢？因为旁听生不限定预科毕业，只须有确能在本科听讲的程度，就可请求旁听。现在女子学制没有大学预科一级，女子中学同女子师范的课程又不与大学预科相衔接，故最方便的法子是先预备能在大学本科旁听。有志求人学教育的人本不必一定要得学位。况Ⅱ修正的旁听规则明说旁听生若能将正科生的学科习完，并能随同考试及格，修业期满时，得请求补行预科必修科目的考试，此项考试如及格，得请求与改为正科生，并授予学位。将来女子若能做得这一步，已比英国几个旧式大学只许女子听

① 徐彦之：《北京大学男女共校记》，《少年世界》1920 年第 1 卷第 7 期。
② 胡适：《大学开女禁的问题》，《少年中国》1919 年第 1 卷第 4 期。

讲不给学位的办法更公平了。

第三步，女学界的人应该研究现行的女子学制，把课程大加改革，总得使女子中学的课程与大学预科的入学程度相衔接，使高等女子师范预科的课程与大学预科相等，若能添办女子的大学预科，便更好了。这几层是今日必不可缓的预备。现在的女子中学，程度太浅了，外国语一层，更不注意，各省的女子师范多把部章的每年每周三时的外国语废了。即使不废，那每周三小时的随意科，能教得一点什么外国语？北京的女子高等师范预科，去年只有每周二时的外国语，今年本科始加至每周五时。高等师范本科的学生竟有不曾学过外国语的。这是女子学校自己断绝进大学的路。至于那些教会的女学校，外国语固然很注意，但是国文与科学又多不注重。这也是断绝入大学的路。依现在的情形来看，即使大学开女禁。收女学生，检（简）直没有合格的女学生能享受这种权利！这不是很可怪的现象吗？前两个月，有一位邓女士在报上发表她给大学蔡校长请求大学开女禁的信。我初见了这信，以为这是可喜的消息。不料我读下去，原来邓女士是要求大学准女子进补习班的！补习班是为那些不能进预科的人设的。一个破天荒请求大学开女禁的女子，连大学预科都不敢希望，岂不令人大失望吗？这个虽不能怪邓女士，但是我们主张大学开女禁的人，应该注意这一点，赶紧先把现在的女子学校彻底研究一番，应改革的，赶紧改革，方才可以使中国女子有进入大学的资格。有进大学资格的女子多了，大学还能闭门不纳女子吗？

以上三层，是我对于这个问题的意见。我虽是主张大学开女禁的，但我现在不能热心提倡这事。我的希望是要先有许多能直接入大学的女子。现在空谈大学开女禁，是最没有用的。

民国八年九月二十五夜。

——摘编自《北京大学日刊》第四六六号 1919 年 10 月 22 日

【文物素材】

京师大学堂匾①

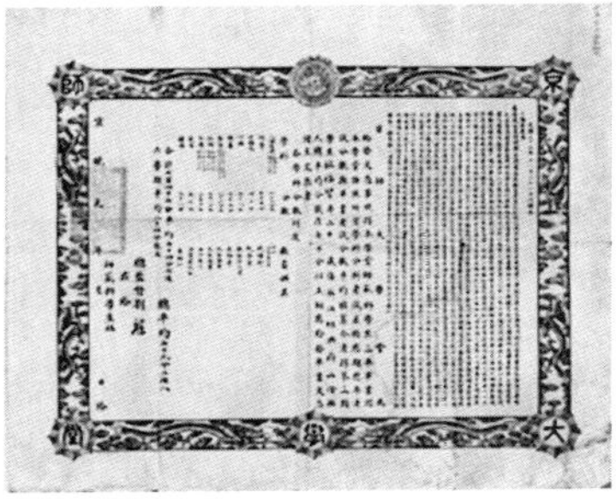

1907 年，京师大学堂首届毕业典礼颁发的毕业文凭

杜威夫妇与北大首批女生合影，圈出中间者为邓春兰

① 北京大学校史馆所藏，1995 年发现于首都博物馆仓库，百年校庆前夕从首博取回，放在北大档案馆，2001 年筹建校史馆后移交北大校史馆。看照片与 20 世纪 50 年代北大的额匾一致，疑似真品。

参考文献

［1］赵亚夫．中学历史教育学［M］．北京：北京师范大学出版社，2019.

［2］赵亚夫．批判性思维决定历史教学的质量［J］．课程·教材·教法，2013，33（02）：71–77.

［3］谷振诣，刘壮虎．批判性思维教程［M］．北京：北京大学出版社，2006.

［4］刘儒德．论批判性思维的意义和内涵［J］．高等师范教育研究，2000（01）：56–61.

［5］程修凡．美国特级教师的历史课［M］．厦门：鹭江出版社，2017.

［6］姜义华，瞿林东．史学导论［M］．3 版．上海：复旦大学出版社，2018.

［7］张耕华．历史哲学引论［M］．上海：复旦大学出版社，2009.

［8］庞卓恒．史学概论［M］．北京：高等教育出版社，1995.

［9］洛林·安德森．布卢姆教育目标分类学：分类学视野下的学与教及其测评［M］．蒋小平，张琴美，罗晶晶，译．北京：外语教学与研究出版社，2009.

［10］唐长孺．吐鲁番出土文书：第十册［M］．北京：文物出版社，1981.

［11］陈寅恪．唐代政治史述论稿［M］．上海：上海古籍出版社，1997.

［12］罗永生．三省制新探：以隋和唐前期门下省职掌与地位为中心［M］．北京：中华书局，2005.

［13］李焘．续资治通鉴长编［M］．北京：中华书局，2004.

［14］司马光 . 资治通鉴［M］. 北京：商务印书馆，2019.
［15］脱脱 . 宋史［M］. 北京：商务印书馆，1934.
［16］马端临 . 文献通考［M］. 北京：中华书局，1986.
［17］李晓 . 宋代工商业经济与政府干预研究［M］. 北京：中国青年出版社，2000.
［18］邓广铭 . 北宋政治改革家王安石［M］. 北京：生活 · 读书 · 新知三联书店，2007.
［19］樊树志 . 晚明大变局［M］. 北京：中华书局，2015.
［20］李伯重 . 江南的早期工业化：1550—1850［M］. 北京：社会科学文献出版社，2000.
［21］黄仁宇 . 万历十五年［M］. 北京：中华书局，2007.
［22］李亚平 . 帝国政界往事：公元 1127 年大宋实录［M］. 天津：天津人民出版社，2015.
［23］王家范 . 中国历史通论［M］. 上海：华东师范大学出版社，2000.
［24］翦伯赞 . 中国史纲要［M］. 北京：人民出版社，1963.
［25］樊树志 . 国史概要［M］. 2 版 . 上海：复旦大学出版社，2000.
［26］黄仁宇 . 赫逊河畔谈中国历史［M］. 北京：生活 · 读书 · 新知三联书店，1997.
［27］侯建新 . 社会转型时期的西欧与中国［M］. 2 版 . 北京：高等教育出版社，2005.
［28］王亚南 . 中国官僚政治研究［M］. 北京：中国社会科学出版社，1981.
［29］郑学檬 . 中国赋役制度史［M］. 上海：上海人民出版社，2000.
［30］瞿同祖 . 中国法律与中国社会［M］. 北京：商务印书馆，2010.
［31］茅海建 . 天朝的崩溃：鸦片战争再研究［M］. 北京：生活 · 读书 · 新知三联书店，2005.
［32］朱维铮 . 重读近代史［M］. 上海：上海文艺出版集团 · 中西书局，2010.

[33] 马克垚 . 世界文明史 [M] . 2 版 . 北京：北京大学出版社，2016.

[34] 吴于廑，齐世荣 . 世界史 · 古代史编 [M] . 北京：高等教育出版社，1994.

[35] 钱乘旦 . 西方那一块土：钱乘旦讲西方文化通论 [M] . 北京：北京大学出版社，2015.

[36] 斯塔夫里阿诺斯 . 全球通史[M]. 吴象婴，梁赤民，董书慧，译 . 北京：北京大学出版社，2006.

[37] 亚里士多德 . 政治学 [M] . 颜一，秦典华，译 . 北京：中国人民大学出版社，2003.

[38] 菲斯泰尔 · 德 · 古郎士 . 希腊罗马古代社会研究 [M] . 李玄伯，译 . 北京：中国政法大学出版社，2005.

[39] 戴维 · 赫尔德 . 民主的模式 [M] . 燕继荣，等，译 . 北京：中央编译出版社，2008.

[40] 彭慕兰 . 大分流：欧洲、中国及现代世界经济的发展 [M] . 史建云，译 . 南京：江苏人民出版社，2008.

后 记

对历史学科的兴趣源于我的学生时代。20 世纪 90 年代初，物质还比较匮乏，我就读的初中校图书馆中的历史书籍并不多，但学校还是为学生提供了一些课外阅读的基本支撑。以专业的眼光来看，那些充满故事性的历史演义和人物传记的叙述肯定不够严谨，但对于十二岁的我来说却有着巨大的吸引力。就这样，我与历史结下了不解之缘。高考填报志愿时，我填的所有志愿都指向了历史系，大学四年，每次坐在课堂上听老师高谈阔论，犀利解读历史事件时，我的那种兴奋感恐怕是被迫读历史系的学生所体会不到的。

学生时代的经历直接影响到工作后的我。一节历史课，如果老师擅长理论思辨，讲课富有激情，形成师生共同探讨的氛围，那么一节课下来学生收获的必然不只是知识。然而，中学历史教学的现状却让我们尴尬，历史课堂常常不被学生所喜欢，其原因之一，就是在历史教学中，外在的、强加性的结论太多，而内在的学生通过研究后自然得出的思考太少。我们要提升历史课堂的品质就要改变这种教学现状。

我们的教学观念要转变。人的行为受思想控制，教学者要摒除自己潜意识中“课堂上要讲完史实和结论”的观念，才能将课堂时间还给学生。须知，讲述再多的史实和结论也无法提升学生的学科素养，更何况教材上的诸多表述，学生自己不会阅读吗？教师的价值从何体现呢？我想，教师更多的应该引导学生登堂入室，做自己的思考探究吧！在这个过程中，将批判性思维引入历史学科，进而更新历史教学法就极具价值。

2016 年，我在《历史教学》上发表了第一篇与批判性思维相关的论文，该文发表后随即被人大报刊复印资料全文转载，此后我又撰写了多篇与培养学生批判性思维相关的论文，时至今日已逐渐形成了一些体系化的构想。本书正是我历年来对批判性思维学科化研究的一个小结。七年来，我遵循先写单篇论文再做课题研究的路径，对批判性思维在历史教学应用中的相关问题多少都有所涉及，但要将多年的思考和实践进行逻辑整体融洽，并且在行文上保持前后一致，还需要修正乃至重写。因此，这也让我真正体会到撰写专著的不易。

有人说读书做学问是一种享受，我觉得在自享的同时其实也是一种自苦。对于一个问题，你越是深入思考越会感到没有解答的把握。因此，我特别感谢那些在我学习成长过程中给予我关心、指导和帮助的前辈和领导们，没有你们的鼓励和支持，我想我现在还处于黑暗的摸索当中！

我自忖是一个没有天赋也不够勤勉的人，对于历史教学中存在的问题只能做出一些“心向往之”的思考，在实践中也许会有重重困难，但梦想总是要有的，我愿和历史同仁们一起不懈努力。最后，要特别感谢南京市教科所刘大伟所长和南京出版社给予的出版支持，还要感谢江苏省教科院陈国兵教授给予本书的批评指正！

南京教育文库

（已出书目）

第一辑　生活·实践教育系列成果（9 种）

序号	书名	作者
1	中小幼教师如何做好教科研	刘大伟
2	思辨性阅读——儿童思维品质的涵育	杨树亚
3	小学数学职初教师的专业发展	王　凌
4	数学课堂成长型思维培养	朱国军　李　冉
5	慢养语文	贾　卉
6	小学数学结构化学习教学指导	吴玉国　孙　谦
7	中小学“校 – 家 – 医协同”心育工作路径	王天文　张　燕
8	小数的意义	孙　谦　杨梅芳
9	用字母表示数	吴存明　姜梦莹

第二辑　一线名师示范实践（23 种）

序号	书名	作者	序号	书名	作者
1	小学语文	杨树亚　洪劬颉	13	初中英语	李爱云　尚媛媛
2	小学数学	吴玉国　毛文波	14	初中道德与法治	王存贵　王小叶
3	小学英语	韩佩玲　周春燕	15	初中地理	孙小红　张　静
4	小学道德与法治	唐隽菁　缪　青	16	初中历史	孙　进　王　伟
5	小学科学	冯　毅　成金燕	17	初中美术	张　屹　邵惠敏
6	小学美术	张　屹　张　静	18	初中生物学	岑　芳
7	小学体育与健康	倪晨瑾	19	初中体育与健康	周　云　戴守慧
8	小学信息科技	李有翔　王苏明	20	初中物理	孙留桥　季卫新
9	小学音乐	叶　军　何　伟	21	初中信息科技	高建君　董　苏
10	劳动	刘权华　王洪贵	22	初中化学	董　海　包义才
11	初中语文	王跃平　洪劬颉	23	初中音乐	何　伟　叶　军
12	初中数学	叶旭山　黄秀旺			

第三辑　生活·实践教育系列成果（7 种）

序号	书名	作者
1	理趣数学的价值意蕴与实践探索	余　颖
2	适合发展：小学数学智慧教学的理论与实践	王九红
3	简约语文的思与行	金立义
4	小学语文沉浸式教学——以小学古诗文教学为例	唐文国
5	中学语文整本书阅读教学探索	王跃平
6	“一核三式”历史教学法——指向思维的历史教学	卞姗姗
7	和谐的古典舞——诚实教育与美好生活	李亚娟